Erik Blumenthal

An sich selber glauben

Selbstvertrauen aus der Tiefe

Herder Freiburg · Basel · Wien

Umschlagfoto: BAV – Helga Lade

Alle Rechte vorbehalten – Printed in Germany
© Verlag Herder Freiburg im Breisgau 1991
Herstellung: Freiburger Graphische Betriebe 1991
ISBN 3-451-22429-1

Inhalt

Die Bedeutsamkeit des einzelnen

Jeder einzelne Mensch ist absolut einzigartig. Weder in der Vergangenheit hat es ihn schon einmal gegeben, noch wird das gleiche Individuum in der Zukunft noch einmal auftreten. Allein schon darin liegt die Wichtigkeit des einzelnen. Jeder ist für seine Zeitgenossen wesentlich. Es ist deshalb notwendig, sowohl die Mitverantwortung des einzelnen für die ganze Menschheit zu erkennen als auch seine Selbstverantwortung für die eigenen Entwicklungsmöglichkeiten.

Letztlich hängt der Auf- und Abstieg der ganzen Welt vom einzelnen ab, wie schon Laotse vor zweieinhalb Jahrtausenden erkannt hatte. Die geistige Wandlung des einzelnen ist das wichtigste Element, das bedeutendste Instrument seitens der Menschen, um eine positive Entwicklung der ganzen Menschheit zu erreichen.

Diese realistische Auffassung zu mißbrauchen – schließlich gibt es nichts, was der Mensch nicht mißbrauchen könnte – wäre verhängnisvoll. Übertreibung und Untertreibung sind die typischen Zeichen des Mißbrauchs. Die Übertreibung könnte zu Eigenliebe führen, wie es zum Beispiel die Fabel vom Pfau und der Henne lehrt: Als sich der Standesbeamte wundert, daß der prächtige Pfau die unscheinbare Henne heiraten will, antwortet der Pfau: „Ich und meine Frau lieben mich bis zum Wahnsinn."

Wenn der einzelne aber nicht an sich glaubt, sondern sich für unwichtig hält, wird er für seine persönliche Entwicklung nicht genug tun. Er wird dadurch tatsächlich unbedeutender, und das auch infolge der Beurteilung durch seine Mitmenschen. So tut jeder, der entmutigt ist – und das sind wir heute alle, natürlich mehr oder weniger –, sich selbst Unrecht an und verleitet gleichzeitig seine Mitmenschen dazu, ihm nicht gerecht zu werden. Nicht nur er selbst, sondern auch die anderen machen ihm somit sein Leben schwer. Er kann der Entwicklung schon dadurch im Wege stehen, daß er glaubt, sich auf Politiker verlassen zu müssen oder auf politische Parteien, die in der ganzen Welt angesichts der heutigen Situation ratlos sind.

Jeder, der lernt, mehr an sich selbst zu glauben, kann auch lernen, mehr an die Zukunft zu glauben. *Glauben* ist eine menschliche Funktion, die bis jetzt nur in den Religionen erkannt wurde. Der heutige Mensch ist bewußter als der Mensch vor zwei Jahrtausenden. Er ist auch logischer im Denken und in den Schlußfolgerungen seiner Gedanken. Deshalb sind gewisse Entwicklungen eher vorhersehbar, wenn auch natürlich nicht genau und nicht in vollem Umfang. Der moderne Mensch ist auch mehr als früher an der vorhersehbaren Zukunft interessiert. Er fing an, sich nicht nur für sich selbst und die heutige Gesellschaft zu interessieren, sondern auch für seine Nachkommen und deren äußere Umstände. Deutlich sehen wir dies am öffentlichen Interesse für den Zustand unseres Planeten und beispielsweise für die Natur.

Im allgemeinen denkt man zuviel an den materiellen und technischen Fortschritt aufgrund der Erfolge der Naturwissenschaften und der Technologie.

An den großen Fortschritt, nämlich die Wandlung des einzelnen im Seelischen und Geistigen, wird noch verhältnismäßig wenig geglaubt. Ein Beispiel dafür sind Science-fiction-Romane und -Filme. Die Menschen, die in ihnen geschildert werden, unterscheiden sich kaum von den heute lebenden. Teilweise sind sie sogar noch weiter von Liebe und Frieden entfernt. Man glaubt nicht daran, daß der einzelne sich groß ändern kann, und kann sich deshalb echte Wandlungen kaum vorstellen. Eine menschliche Entwicklung zum Positiven hin sich vorzustellen, daran haben sich bis jetzt nur ganz wenige Science-fiction-Schriftsteller gewagt, wenn überhaupt.

Die „tierische" Seite des Menschen, also seine körperliche und emotionale, wird betont, während unter Geistigkeit oft nur das Intellektuelle verstanden wird.

Weil der heutige Mensch zu wenig an die Möglichkeiten seines Bewußtseins und der Geistigkeit glaubt, deshalb ist er an solch „wissenschaftlichen" Vorurteilen wie etwa „dem Unbewußten als selbständiger Kraft in sich" interessiert. Am liebsten wäre es ihm, er könnte die Tagträume seiner Kindheit verwirklichen und als Zauberer sich jeden Wunsch erfüllen. Wie schön wäre es, mit Hilfe von Wissenschaften und Künsten und menschlichen Konstruktionen sich Wissen und Kräfte zu verschaffen, die aber in der Realität oft nur dazu dienen, sich über andere erheben zu können. Unter menschlichen Konstruktionen werden gewisse Psychologien, Spiritismus, Okkultismus, Astrologie, New Age, Light Age und das große Gebiet der Esoterik verstanden.

Daß der Mensch *in sich* noch ungeahnte Möglichkeiten und Kräfte hat, will er nicht wahrhaben, da diese Kräfte Entwicklung, Selbsterziehung und Training erfordern, was ihm oft zu unbequem erscheint. Dieser realistische Weg macht es nötig, mehr an sich zu glauben, um freier, unabhängiger und selbstbewußter zu werden. Je mehr ich an mich und meine Kräfte glaube, desto mehr kann ich mir den Fortschritt auch im Zusammenleben mit anderen vorstellen, und desto weniger muß ich mich von äußeren Gegebenheiten bestimmen lassen. Es ist höchste Zeit, daß der einzelne sein Schicksal bewußter in die Hand nimmt, nicht nur um die eigene Zukunft mehr zu bestimmen, sondern auch die Zukunft der Gesellschaft besser und das heißt positiver gestalten zu können.

Unsere Aufgabe ist, unsere geistigen Funktionen, wie das Glauben, zu verfeinern und uns selbst damit bewußter und wirkungsvoller zu machen. Dies führt zu einem neuen Leben, einem neuen Erleben im Umgang mit unseren Mitmenschen, mit uns selbst, mit den Dingen und mit der Welt. Was wir bis heute für Leben halten, ist nur ein schwacher Abklatsch von dem, was Leben sein könnte, nämlich ein Leben mit weniger Vorurteilen und Kämpfen, mit weniger Unglück und Leiden, also ein Leben voll Freude, Liebe, Glück und Frieden.

Glücklichsein ist dann nicht nur ein Erleben von Augenblicken, sondern von gesteigerter Intensität und Dauer. Dann betrifft es nicht nur einzelne, sondern letztlich die ganze menschliche Gesellschaft.

Ein psychologisches Menschenbild

Eine wichtige Quelle für den Glauben an menschliche Möglichkeiten und Fähigkeiten sind die Erkenntnisse der Individualpsychologie *Alfred Adlers*. Was das Zusammenleben betrifft, hat er aus dem uralten Weisheitsschatz der Menschheit geschöpft und ihn dem modernen Menschen zugänglich gemacht. Auf einen kurzen Nenner gebracht, könnte man sagen: Die Individualpsychologie ist eine

 optimistische,

 teleologische,

 ermutigende,

 Sinn gebende,

 gemeinschaftsfördernde

 Gebrauchs- und

 Ganzheitspsychologie.

Die einzelnen Aspekte dieser Zusammenstellung werden jetzt kurz erläutert: Wenn wir den *Optimisten* mit einem Pessimisten vergleichen, können wir rasch verstehen, daß Optimismus als Lebensanschauung sinnvoller ist als der Pessimismus. Der Optimist hat Erfolg, weil er daran glaubt und dem Mißerfolg keine große Chance gibt, also ihn nicht sehr wichtig nimmt. Hat er wider Erwarten keinen Erfolg, läßt er sich deshalb nicht entmutigen, sondern ist überzeugt, daß er nächstes Mal wieder Erfolg haben kann. Was er sich nicht bewußtmacht, ist, daß er zum Erfolg beiträgt, indem er sich so verhält, daß er der augenblicklichen Situation gerecht wird und sie dadurch meistern kann. Mit anderen Worten, er setzt seine Kräfte realistisch und sinnvoll ein. Dies heißt zum Beispiel, daß er spricht, wenn es in der Situation richtig ist zu sprechen, und schweigt, wenn es die Situation im Augenblick erfordert. Hat er einmal keinen Erfolg, so sagt er sich: „Klar, nicht jeder Tag ist ein Sonntag, und immer wieder wird es vorkommen, daß andere und die Umstände einmal stärker sind als ich. Mal sehen, was ich in der nächsten ähnlichen Situation vielleicht besser machen kann." Und deshalb hat er nächstes Mal wahrscheinlich wieder Erfolg.

Der Pessimist ist auf den Mißerfolg programmiert, indem er beispielsweise den Mund aufmacht, wenn es besser wäre zu schweigen, und den Mund hält, wenn es richtiger wäre, etwas zu sagen. Er erschleicht sich ein Gefühl der Überlegenheit, indem er sich darauf etwas zugute tut, daß er den Mißerfolg ja schon im voraus wußte. Hat er wider Erwarten einmal einen Erfolg, dann sagt er sich: „Irgend etwas muß da falsch gelaufen sein!" Und wieder hat er recht. Auf diese Weise wird sich seine Lebensanschauung nicht ändern, obwohl er unter dem Mißerfolg ja auch leidet.

Teleologisch heißt, daß der Mensch auf ein Ziel gerichtet ist und daß die Frage nach den Zielen, nach dem Sinn und Zweck, im seelischen Bereich als wichtiger anzusehen ist als die Frage nach den Gründen. Schon deshalb ist diese Frage wesentlicher, weil wir die Gründe für irgendein Verhalten nicht ändern können, denn sie liegen in der Vergangenheit. Die Ziele aber, die ja vor uns liegen, können und müssen geändert werden in Ziele, die

die Zukunft positiver gestalten können. Wir unterscheiden zwischen Fernzielen, die im sogenannten Lebensstil verankert sind, und den Nahzielen, mit deren Hilfe wir unrichtige Verhaltensweisen oft augenblicklich ändern können. Beide Zielarten werden später näher erklärt.

Ermutigen heißt, am anderen das Positive betonen und ihm dafür unsere ehrliche Anerkennung geben. Einen anderen ermutigen kann ich aber nur, wenn ich an ihn glaube. Wir leben in einer Entmutigungsgesellschaft und merken oft gar nicht, wie sehr es uns zur zweiten Natur geworden ist, einander zu entmutigen. Man könnte sogar sagen, daß wir es darin beinahe zur Vollkommenheit gebracht haben – natürlich meist unbewußt. Ermutigung ist deshalb zum Beispiel in der Erziehung von Kindern zu einem wichtigen Hauptprinzip geworden. Viele Eltern heute wissen von dieser Bedeutung des Ermutigens, haben aber keine Ahnung, wie man Kinder ermutigt. Sie sind selbst entmutigt und glauben oft nur daran, wie ihr Kind sein soll. Worauf es ankommt, ist aber, an das Kind zu glauben, wie es ist, mit all seinen Fehlern und Schwächen. Manche Eltern verhalten sich auch richtig, beobachten aber zu wenig, wie das Kind auf ihre Bemühungen reagiert. Unsere Kinder haben nun einmal ihre eigenen Gedanken und Gefühle und müssen nicht so reagieren, wie wir es gern hätten.

An sich selber glauben ist eine Voraussetzung zur heute absolut notwendigen Selbstermutigung.

Von modernen Psychologen wird immer mehr erkannt, daß eine der Hauptschwierigkeiten des einzelnen darin liegt, im Leben an sich und auch im eigenen Leben zu wenig *Sinn* zu sehen. Man sucht nach dem Sinn – gleichgültig wie bewußt oder unbewußt – und kann ihn natürlich nicht finden, weil er nicht irgendwo versteckt ist und seiner Entdeckung harrt, sondern weil es eine Lebensaufgabe des Menschen ist, dem Leben Sinn zu *geben.*

Der Sinn unseres ersten Lebens ist offensichtlich der, den Körper in diesen neun Monaten im Mutterleib zu entwickeln, damit er auf das zweite Leben vorbereitet ist. Denn der Embryo entwickelt beispielsweise Augen und Ohren, die er aber im Mutterleib noch nicht benötigt, um so mehr aber im zweiten Leben. Wenn wir diesen Sinn unseres ersten Lebens akzeptieren, dann erscheint es nur logisch, davon auszugehen, daß im zweiten, diesem unserem irdischen Leben die Seele für das dritte Leben, das geistige, vorbereitet werden soll.

Das Wachstum des Embryos können wir heute schon beobachten und verstehen, aber die Wachstumsmöglichkeit der menschlichen Seele während dieses irdischen Lebens ist bis jetzt noch zu wenig Allgemeingut und populär. Unsere diesbezüglichen Bemühungen stehen wohl ziemlich noch am Anfang, obwohl jeder religiöse Mensch aus seiner Religion und ihren Lehren tausend theoretische Anregungen entnehmen könnte.

Die Individualpsychologie sieht den Sinn des Lebens in den Bemühungen des Individuums, sich selbst zu einem wirkungsvolleren Gemeinschaftswesen zu entwickeln und damit die Entwicklung der Gemeinschaft zu fördern.

Alfred Adler schließt sein letztes in deutscher Sprache erschienenes Buch „Der Sinn des Lebens" mit folgenden Worten: „Vielleicht wird manchen die einfache Tatsache am stärksten überzeugen, daß alles, was wir als Fehlschlag bezeichnen, den

Mangel an Gemeinschaftsgefühl aufweist. Alle Fehler der Kindheit und im Leben der Erwachsenen, alle schlechten Charakterzüge in der Familie, in der Schule, im Leben, in der Beziehung zu anderen, im Beruf und in der Liebe erweisen ihre Herkunft aus dem Mangel an Gemeinschaftsgefühl, sind vorübergehend oder dauernd, beides in tausend Varianten.

Eine genaue Betrachtung des persönlichen Lebens und des Lebens der Masse, der Vergangenheit und der Gegenwart zeigt uns das Ringen der Menschheit um ein stärkeres Gemeinschaftsgefühl. Es ist kaum zu übersehen, daß die Menschheit um dieses Problem weiß und von ihm durchdrungen ist. Was in der Gegenwart auf uns lastet, stammt aus dem Mangel sozialer Durchbildung. Was in uns drängt, um auf eine höhere Stufe zu kommen, von den Fehlschlägen unseres öffentlichen Lebens und unserer Persönlichkeit frei zu werden, ist das gedrosselte Gemeinschaftsgefühl. Es lebt in uns und sucht sich durchzusetzen, es scheint nicht stark genug zu sein, um sich trotz aller Widerstände zu bewähren. Es besteht die berechtigte Erwartung, daß in viel späterer Zeit, wenn der Menschheit genug Zeit gelassen wird, die Kraft des Gemeinschaftsgefühls über alle äußeren Widerstände siegen wird. Dann wird der Mensch Gemeinschaftsgefühl äußern wie Atmen. Bis dahin bleibt wohl nichts anderes übrig, als diesen notwendigen Lauf der Dinge zu verstehen und zu lehren."

Auch der religiöse Mensch kann dies akzeptieren mit dem Zusatz, daß der Sinn des irdischen Lebens hauptsächlich der ist, dem Wort Gottes zu folgen, um damit Gott näher zu kommen.

Die *Gemeinschaft*, das Zusammenleben mit anderen, wird in der Individualpsychologie so wichtig genommen, daß manche sie gern als Gemeinschafts-psychologie bezeichnen würden. Die Erkenntnis vom sozialen Eingebettetsein des Menschen und die Tatsache, daß der Mensch nur Mensch wird durch andere Menschen, lassen unter anderem die Individualpsychologie so modern erscheinen.

Das Wort *Gebrauchs*psychologie bedeutet, daß wir lernen können, Tatsachen und Ursachen nicht mehr als bestimmend für uns anzusehen. Worauf es ankommt, ist, wie wir die Vergangenheit gebrauchen. Diese Fähigkeit können wir bewußter anwenden; sie führt dann zu einem Freiheitsgefühl, das sehr ermutigend wirkt.

Das letzte Wort in der obigen Definition der Individualpsychologie, die *Ganzheit*, ist von großer Bedeutung. Die Individualpsychologie Alfred Adlers ist mehr als nur eine der sogenannten Tiefenpsychologien. Die Tiefe ist nur eine Dimension, während in der Ganzheit alle Dimensionen, beispielsweise auch die Höhe, eine Rolle spielen.

Auch das Menschenbild der Individualpsychologie läßt sich wie folgt kurz zusammenfassen; nach ihr ist jeder Mensch

> eine individuelle,
> soziale,
> gleichwertige,
> zielgerichtete,
> Entscheidungen treffende,
> verantwortliche
> Körper-Seele-Geist-Einheit.

Dies gilt für *jeden Menschen*, gleichgültig, wo er auf dieser unserer Erde wohnt. Es geht sozusagen vom seelischen Knochengerüst des Menschen aus. So wie jeder menschliche Körper einen Kopf, zwei Arme und Beine und ein Skelett besitzt, so gibt es auch seelische Gemeinsamkeiten. Ohne diese wäre Psychologie als Wissenschaft ja gar nicht denkbar.

Trotz der Gemeinsamkeiten mit anderen Menschen ist, wie wir schon gesehen haben, jedes *Individuum* auch etwas absolut Einzigartiges, worauf sich der Name Individualpsychologie als Hinweis bezieht.

Daß der Mensch ein *soziales* Wesen ist, wurde schon von Aristoteles erkannt. Diese Tatsache wurde von der Individualpsychologie so wichtig genommen, daß sie genauso als Sozialpsychologie hätte bezeichnet werden können, wenn dieser Begriff nicht schon besetzt gewesen wäre. Zur Entwicklung des einzelnen und seinem Gedeihen haben hunderte, wenn nicht tausende andere, natürlich meist unbewußt, beigetragen. Das ewige, den einzelnen hinanziehende Ziel ist das Bedürfnis, sich zugehörig zu fühlen. Dieses Ziel kann wohl als das Bedeutsamste für das Leben des einzelnen angesehen werden, gleichgültig, wie bewußt man es sich macht. Jeder möchte wissen, wohin er gehört und wo er seinen Platz hat.

Wenn die heutige Menschheit weiterkommen will, dann wird dies nur unter dem Banner der sozialen *Gleichwertigkeit* aller Menschen möglich sein. Denn die heute noch herrschende Ungleichwertigkeit ist einer der Hauptgründe für das mangelhafte Zusammenleben in der Gegenwart. Jede künstliche Einteilung in Gruppen von verschiedenem Wert, seien es die Geschlechter oder die Generationen oder Rassen und Nationen oder gar die Unterscheidung in Arme und Reiche usw., wird heute als ungerecht empfunden.

Die *Zielgerichtetheit* des Menschen ist eine noch sehr ungewohnte Betrachtungsweise und erfordert eine Umstellung in unserem Denken, was beim ersten Hinsehen als mühsam erscheinen mag. Seither hat man immer die Frage „Warum?" gestellt, wenn man etwas nicht verstanden hat, wie zum Beispiel *Emotionen*. Im Seelenleben ist es aber von größerer Bedeutung, nicht nach Gründen und Ursachen, sondern nach Zielen zu fragen. Die Frage „Wozu?", „Zu welchem Zweck?", „Zu welchem Ziel?" hilft uns wesentlich weiter. Die Frage nach dem Grund des Denkens, Fühlens und Verhaltens führt meist nicht zum eigentlichen Problem.

Es ist immer wieder erstaunlich festzustellen, daß dem störenden Verhalten meist nur eines von fünf möglichen Zielen zugrunde liegt. Diese unbewußten Ziele werden *Nahziele* genannt. Ihre Kenntnis kann für das Zusammenleben von unschätzbarem Wert sein. Entweder sucht man

1. Entschuldigung für eigene Mängel (seien diese wirklich oder nur „eingebildet") oder

2. Aufmerksamkeit und Zuwendung oder

3. Überlegenheit bzw. mindestens Vermeidung von Unterlegenheit oder

4. Vergeltung (Rache) oder

5. Rückzug.

Für körperliche Minderwertigkeiten, für die eine organische Schwäche nicht feststellbar ist, gibt es tausend Ausreden und neurotische Entschuldigungen, die wohl allgemein akzeptiert werden, obwohl sie meistens nicht stimmen. Eine junge Frau, 21 Jahre alt, errötet, wenn sie in Gesellschaft ist. Sie erhält damit viel Aufmerksamkeit und Zuwendung. Dieses Ziel ihr auf den Kopf zuzusagen ist aber sinnlos, ehe sie nicht erkannt hat, wie wichtig es ihr in ihrer Unsicherheit und mit ihren Hemmungen ist, sicher aufzutreten und gelassener zu wirken.

Eine verheiratete Frau, 34 Jahre, hat Schmerzen an der Wirbelsäule. Damit hat sie eine wunderbare Entschuldigung, sich durch ihren Mann in der Hausarbeit entlasten zu lassen, weil sie mehr Freizeit für ihre Interessen haben will.

Ein verheirateter Mann, 44 Jahre, fühlt sich in seinem Männlichkeitswahn seiner jüngeren Frau unterlegen, weil ihre sexuellen Bedürfnisse wesentlich größer sind. Also hat er – natürlich unbewußt – eine dauernde Müdigkeit entwickelt, auf die seine Frau Rücksicht nimmt, obwohl eine körperliche oder sonstige Ursache nicht feststellbar ist.

Ein Oberschüler hat Kopfweh entwickelt, das ihn am Lernen hindert, so daß er in der Schule immer weiter zurückgefallen ist. Natürlich macht er es sich nicht bewußt, daß er sich damit an seinem Vater rächt, der sehr ehrgeizig ist und seinen Sohn dauernd zu größeren Leistungen und besseren Zeugnissen angetrieben hat.

Das Ziel des Rückzugs wird besonders von sehr stark entmutigten Kindern verfolgt, die so wenig an sich glauben, daß sie alles, was von ihnen verlangt wird, von vornherein wie eine Examenssituation fürchten, bei der ihr absolutes Ungenügen offenkundig wird. Es sieht beinahe paradox aus, daß sie aus dieser Angst heraus ihr vermeintliches Unvermögen demonstrieren, um in Ruhe gelassen zu werden.

Aber auch Erwachsene, besonders Männer, können dieses Nahziel verfolgen, indem sie sich vor ihrer Frau zum Fernseher flüchten.

Außer diesen Nahzielen gibt es auch *Fernziele*, die genauso unbewußt angesteuert werden. Solche Fernziele sind ein Teil des Lebensstils, der bei jedem Menschen individuell verschieden ist. Auch der

Lebensstil ist unbewußt, weil er schon in der frühen Kindheit gebildet wird und praktisch mit fünf oder sechs Jahren abgeschlossen wurde.

Er entsteht dadurch, daß das kleine Kind von allem Anfang an Reize in der Außenwelt erlebt und noch unsicher ist, wie es darauf am besten reagieren kann. Also sucht es – natürlich noch völlig unbewußt – die große Zahl der Reize in ein gewisses System zu bringen, um durch die Anwendung der Versuch-und-Irrtum-Methode zu lernen, wie es am besten darauf eingehen kann. Kleine Kinder beobachten sehr gut, haben aber weder die Erfahrung noch das Wissen, um das Beobachtete immer richtig deuten zu können. Auf diese Weise gelangen die Irrtümer in den Lebensstil des einzelnen.

Der *Lebensstil* hat vier hauptsächliche Inhalte. Einmal ist es die unbewußte *Stellungnahme* des kleinen Kindes *zu den anderen Menschen*, die zwischen den Extremen „freundlich – feindlich" schwankt. In den meisten Fällen ist nun einmal die Mutter von Anfang an die Erzieherin und damit der erste andere Mensch für das Kind. Dann ist es die unbewußte *Grundeinstellung* des kleinen Kindes *zu sich selbst*. Sieht das Kleine sich als „schwach oder stark", „klein oder groß" an? Die dritte Grundeinstellung ist die *Beurteilung des Lebens* an sich, die zwischen den Gegensätzen „angenehm und unangenehm" liegt. Der vierte Inhalt sind die *Fernziele*, die sich das Kind unbewußt setzt. Sie beruhen auf der Meinung, wie es aufgrund seiner Erfahrungen mit anderen, mit sich und mit dem Leben schlechthin am besten reagiert und sich verhält, um über die Runden zu kommen.

Beispiele für häufige Fernziele sind:

Ich will wissen, wohin ich gehöre.
Ich will Anerkennung finden.
Ich will groß und stark werden.
Ich will im Mittelpunkt stehen.
Ich will etwas Besonderes sein.
Ich will gut sein.
Ich will gefallen.
Ich will mich nicht bestimmen lassen.
Ich will zeigen, daß man mit mir rechnen muß.
Ich muß mich vor anderen in acht nehmen.
Ich muß mit meinen Gefühlsäußerungen vorsichtig
    sein.
Ich darf keine Fehler machen.
Ich muß alles unter Kontrolle haben.
Ich will intellektuell überlegen sein.
Ich will mich nicht unterkriegen lassen.
Ich will moralisch überlegen sein.
Ich muß mir die Unterstützung anderer verschaffen.
Ich will das Leben genießen.
Ich will etwas aus meinem Leben machen.
Ich will es bequem haben.
Ich darf mich auf andere nicht verlassen.
Ich will so ein richtiger Mann werden.
Ich will etwas erreichen.
Ich will meinen Mann im Leben stehen, auch wenn
    ich nur ein Mädchen bin.
Ich darf mir keine Blöße geben.
Ich will der Erste sein.
Ich will zeigen, daß ich nicht nur irgendwer bin.
Ich will mich hervortun in …
Ich muß andere dazu bringen, mich zu bemitleiden.
Ich muß mich beleidigen lassen, um auf meine
    Peiniger herabsehen zu können.

Ich muß im Recht sein.
Ich will reich sein.
Ich will unabhängig sein.
Ich muß alles wissen.
Ich will immer gerecht sein.
Ich möchte nicht, daß andere schlecht von mir
   denken.
Ich will sicher sein.
Ich will nichts riskieren.
Ich will alles verstehen.
Ich bin bereit, mich anzupassen.
Ich werde mich nicht von meinem eigenen Weg
   abbringen lassen.
usw. usw.

Die Erkenntnis, daß der Mensch ein *Entscheidungen*
treffendes Wesen ist, gibt uns die Möglichkeit zur
inneren Freiheit, die keine Grenzen kennt, im
Gegensatz zur äußeren Freiheit, die begrenzt werden muß, wenn wir friedlich miteinander leben
wollen. Zur Zeit sind es noch sehr wenige Entscheidungen, die wir bewußt treffen. Ein Ziel der
Individualpsychologie ist aber, immer mehr Entscheidungen bewußt treffen zu lernen. Viele, auch
moderne Menschen sind noch gegen diese Auffassung, weil sie nicht genügend dazu erzogen wurden,
sich für ihr Tun voll *verantwortlich* zu fühlen. Es
erfordert ein erhebliches Umdenken, sein Menschenbild in diesem Punkt zu ändern. Ein neues,
universaleres Denken ist aber notwendig, wenn wir
unsere Möglichkeiten und Fähigkeiten entwickeln
wollen.

Die *Körper-Seele-Geist-Einheit* als letzter Begriff
der obigen Definition soll uns darauf hinweisen,
daß wir das Gleichgewicht zwischen Körper, Seele

und Geist finden müssen. Eines davon zu vernachlässigen oder überzubetonen führt immer zu einem Verhalten im Leben, das letztlich als mangelhaft bezeichnet werden muß und negative Folgen hat.

Wir brauchen den Glauben an Vollkommenheit als ewig unerreichbares Ziel, das uns aber die Richtung für unsere Bemühungen gibt. Deshalb ist es genauso wichtig, den Mut zur Unvollkommenheit zu entwickeln. Menschsein heißt Fehler machen. Fehler völlig vermeiden zu wollen ist nicht nur unrealistisch, sondern auch entmutigend, weil wir dies doch nicht schaffen können. Was zählt, ist das bewußte Bestreben, uns zu überwinden, aus größeren Fehlern kleinere zu machen.

Jeder kann zu mehr Glück in seinem Leben und für das Leben anderer beitragen, mit anderen Worten, zu einem neuen Leben finden. Gegenseitige Anregungen und Ermutigung können helfen, jeden Tag unseres Lebens neu zu bestimmen und zu gestalten, sich in Richtung der Vollkommenheit zu bewegen, und zwar mit der Politik der kleinen Schritte. Allein schon das Richtige tun zu wollen kann ermutigend wirken.

Das Verständnis ist ausschlaggebend, daß die bewußte Anwendung unserer geistigen Funktionen, wie etwa des Glaubens, für die Entwicklung des einzelnen genauso wichtig ist wie für die Entwicklung von Gruppen und Gemeinschaften. Allerdings ist die *Erkenntnis*, die zu Taten führt, ohne auch religiösen Glauben nicht zu erringen. Die Menschheit ist zu vielem fähig, aber zu meinen, daß sie sich selbst am Schopf packen und allein, ohne die Hilfe des Wortes Gottes, aus dem gegenwärtigen Sumpf herausziehen kann, ist unrealistisch.

Nach dem psychologischen Menschenbild wenden wir uns jetzt dem religiösen zu als wesentliche Quelle zur besseren Erkenntnis des einzelnen. Gibt es überhaupt ein Menschenbild der Religion? Und aus welcher Religion können wir es entnehmen? Wenn Religion die Verbindung des Menschen mit Gott und mit den Menschen ist, wie es der Individualpsychologe Alexander Müller definiert hat, dann können wir nur von den großen Religionen, den Offenbarungsreligionen, ausgehen. Dann erhebt sich sofort die nächste Frage, von welcher Offenbarungsreligion wir ausgehen. Wenn wir nur eine der Offenbarungsreligionen berücksichtigen, dann werden die Anhänger einer anderen Offenbarungsreligion nicht damit zufrieden sein. Von jeder einzelnen Religion ausgehend erscheint ebenso unbefriedigend. Vielleicht ist es deshalb am besten, weiter das psychologische Menschenbild im Auge zu behalten und zu sehen, ob durch die nachfolgenden Überlegungen wir uns einem religiösen Menschenbild nähern, das von vielen Menschen unserer Zeit akzeptiert werden kann.

Die Richtung der notwendigen Entwicklung ist klar: Es ist der Weg der *Vergeistigung*. Diese näher zu erläutern und die konkreten und praktischen Schritte zu diesem Ziel zu erkennen ist unabdinglich. Vom einzelnen und seiner Einstellung zur Zukunft hängt mehr ab als allgemein angenommen wird. Worauf es ankommt, ist, daß der einzelne zu sich selbst und zur Gemeinschaft hin Schritte unternimmt, die zur geistigen Wandlung führen.

Unsere Erkenntnisfähigkeit verinnerlichen

„Erkenntnis ist eine der größten Segnungen Gottes."[1] Erkenntnis ist mehr als Wissen. Wenn ich etwas weiß, weil ich es gelernt oder beobachtet oder erfahren habe, dann geschah dies in erster Linie mit dem Verstand. Wie wir noch sehen werden, brauchen wir zur Erkenntnis aber noch andere Funktionen außer dem Denken. Der Unterschied zwischen Wissen und Erkennen ist insofern erheblich, als die Erkenntnis im Gegensatz zum Wissen zu Taten führt.

Zum Beispiel weiß ich, daß Süßigkeiten für mich nicht gut sind. Dieses Wissen hindert mich aber nicht daran, immer wieder Zuckerwaren zu naschen. Wenn ich aber die Erkenntnis habe, wie sehr diese meinem Körper schaden, werde ich mich nicht verführen lassen, sie zu genießen. Oft wird angenommen, daß dies einen starken Willen erfordere. Mit solchen Vorurteilen machen wir uns selbst aber nur etwas vor.

Wenn ich etwas tue oder nicht tue, ist dafür meine Erkenntnis verantwortlich, während die Begriffe Willensstärke und Willensschwäche uns nur Ausreden ermöglichen, die allerdings heute noch meistens akzeptiert werden.

„Der Mensch weiß mehr, als er versteht."[2] Ein Beispiel: Wenn ich meine Augen auf etwas fixiere, um deutlich zu sehen, was jemand als Anstecknadel trägt, dann verstehe ich es. Gleichzeitig sehe ich aber auch den Anzug, den der Betreffende anhat, ohne daß es mich sonderlich interessiert. Außerdem sehe ich auch noch den ganzen Menschen und sogar noch einen Teil der Umgebung, in welcher er sich befindet. Je weiter die Gegenstände von dem fixierten Punkt entfernt sind, desto undeutlicher werden sie, immer unter der Voraussetzung, daß ich meine Augen auf die Anstecknadel gerichtet lasse. Das heißt, ich weiß vieles, aber nicht mehr genügend bewußt.

Ein weiteres Beispiel: Ein Kind fragt mich, woher die Wolken kommen. Ich fixiere mein Gedächtnis auf das, was ich darüber gelernt habe, daß nämlich in dem Augenblick, wo der Feuchtigkeitsgehalt der Luft eine bestimmte Grenze erreicht hat, die Wassertröpfchen sichtbar werden. Ich kenne auch die Namen der verschiedenen Wolken, aber erst wenn ich durch eine weitere Frage des Kindes nach dem Namen der Wolken mich veranlaßt sehe, das entsprechende Erinnerungsvermögen zu fixieren, weiß ich diese Namen wieder genauer. Es gibt also verschiedene Arten des Wissens, zum Beispiel voll bewußt, halbbewußt, unterbewußt usw.

Noch ein Beispiel: Jemand wird mir vorgestellt, von dem ich sofort weiß, daß er mir nicht sympathisch ist. Aber im Augenblick verstehe ich nicht, warum das so ist. Möglicherweise hat der Betreffende Ähnlichkeit mit einer Person aus meiner Kindheit, die ich nicht leiden konnte.

So geht es mit vielen unserer Probleme. Wir sehen die Blätter des Unkrauts und entfernen sie, ohne uns im Augenblick bewußtzumachen, daß dies völlig sinnlos ist, solange wir nicht die Wurzeln des Unkrauts ausreißen. So ist es für mich ein Problem, meine Tante zu besuchen. Ich weiß einfach, daß ich keine Lust dazu habe, mache es mir aber nicht bewußt, das heißt, ich verstehe es in diesem Augenblick nicht, daß mein Widerwille damit zusammenhängt, daß sie mich dauernd herabsetzt, so daß ich mich in ihrer Gegenwart unsicher und unfrei fühle.

„Ich bin mir nichts bewußt, aber darin bin ich nicht gerechtfertigt."[3] Das Tier hat kein Bewußtsein, das dem menschlichen Bewußtsein nahe käme. Unbewußt macht es von den äußeren Sinnen der Wahrnehmung – Sehen, Hören, Riechen, Schmecken und Tasten – Gebrauch und reagiert meist instinktiv darauf. In diesem Sinne wird der Mensch gleichsam als Tier in sein zweites Leben geboren, hat aber von allem Anfang an die Möglichkeit, Mensch, und das heißt vor allem, bewußt zu werden.

Mit zunehmendem Alter wird er auch von den inneren Sinnen – Vorstellungsvermögen, Denkvermögen, Begriffsvermögen und Gedächtnis – Gebrauch zu machen lernen. Aber wer macht sich schon die inneren Sinne bewußt? Dies ist aber notwendig, um unsere Erkenntnisfähigkeit zu verinnerlichen.

Es gibt psychologische Schulen, die das Wort „unbewußt" zum Hauptwort machen und davon sprechen, daß im Menschen das Unbewußte als von ihm unabhängige Kraft besteht. Die Individualpsychologie Alfred Adlers ist anderer Auffassung. Es gibt vieles im Leben, was wir uns nicht immer bewußtmachen müssen oder was wir aus ökonomischen Gründen vergessen, nachdem wir es uns einmal bewußtgemacht hatten. Wenn wir zum Beispiel gehen wollen, ist die Überlegung nicht nötig, ob das rechte oder das linke Bein zuerst an

der Reihe ist. Wenn wir uns jede derartige Kleinig-
keit bewußtmachen müßten, kämen wir überhaupt
nicht mehr zum Handeln.

Aus diesem Grund kann je nach der vorliegenden
Situation das Vergessen sogar notwendig sein.
Wenn wir realistisch sein wollen, hat die Vergangenheit nur zwei Aufgaben, nämlich aus ihr zu
lernen und sie hierauf zu vergessen. Natürlich ist es
ein Unterschied, ob ich aus ökonomischen Gründen
etwas vergesse, weil ich es unter normalen Umständen einfach nicht brauche, oder ob ich etwas
vergessen will, weil es mir unbequem oder unangenehm oder gar hinderlich erscheint.

Wie gern schalten wir die Erinnerung aus an
etwas Schlechtes, das wir begangen haben, oder an
einen Fehler. Schuldgefühle sind bekanntlich nicht
nur unangenehm, sondern können auch sehr bela-
stend sein.

Niemand erinnert sich gern an negative Dinge, es
sei denn, diese Erinnerung verspricht, in der Gegenwart für uns vorteilhaft zu sein. Wenn ich ein
schlechtes Verhalten anderer mir gegenüber nicht
vergessen kann, dann ist es sehr wahrscheinlich, daß
dieses Erinnern mir jedesmal mindestens ein Überlegenheitsgefühl verschafft. Um ein Beispiel zu
nennen, vergessen typisch gute Menschen, die ja oft
an einer moralischen Überlegenheit, wenn auch
unbewußt, interessiert sind, häufig das unrichtige
Erziehungsverhalten ihrer Eltern in der Kindheit.
Denn es paßt nicht zu ihrem „Gutseinwollen", die
Eltern negativ zu beurteilen oder ihnen Schuld zu
geben.

Ein reinerer Beweggrund ist es dagegen, wenn ich
etwas vergessen will, nachdem ich zuvor daraus
gelernt habe. Denn dann kann ich mich mit allen

meinen Kräften ganz dem Tun in der Gegenwart widmen. Dabei kommt es darauf an, daß meine Tätigkeit sinnvoll ist.

Entscheiden als typisch menschliche Funktion

„Alles, was ihr an Anlagen besitzt, kann jedoch nur als Ergebnis eurer eigenen Willensentscheidung offenbar werden."[4] Entscheidungen treffen ist sowohl eine typisch menschliche Funktion als auch eine Kraft, die in ihrer Bedeutung nicht hoch genug eingeschätzt werden kann. Je weniger diese Funktion als typisch menschlich erkannt wird, desto mehr wird sie unbewußt angewendet.

Was wir auch denken, fühlen, glauben, hoffen, wünschen, tun oder lassen, erfolgt aufgrund einer Entscheidung, die wir uns aber meist nicht bewußtmachen. Niemand anderer als ich selbst kann meine Gedanken und Gefühle erzeugen. Ich kann mich aber entscheiden, das Dasein, die Worte oder das Verhalten anderer dazu zum Anlaß zu nehmen.

Diese Erkenntnis wird von vielen, die sie zum ersten Mal hören, abgelehnt, weil sie erstens seither meist unbewußt entschieden haben und zweitens gewohnt waren, andere und anderes für ihr Tun verantwortlich zu machen, das heißt, die Schuld zu geben.

Der heutige Mensch wurde in seiner Kindheit üblicherweise mehr oder weniger verwöhnt und hat deshalb die eigenen Möglichkeiten und Kräfte zuwenig erproben können. Mit anderen Worten, die Mitverantwortung der Erzieher für das Kind hat dessen Selbstverantwortung gar nicht richtig entwickeln lassen. Wenn wir aber die Kraft der

Entscheidungsfunktion erkannt haben, sind wir letztlich für unser Verhalten meist selbst verantwortlich.

Besonders schwer fällt es uns heute, zu akzeptieren, daß wir auch zum Herrn und Meister unserer Emotionen werden können, statt ihr Sklave zu bleiben. Allein schon daraus ersehen wir die ungeheuere Kraft und die Möglichkeiten des bewußteren Entscheidungen-Treffens.

Zur Klarstellung, was *Emotionen* sind, die oft mit dem Begriff Gefühle gleichgestellt werden: Emotionen werden in diesen Darlegungen als negative Gefühle angesehen, wobei „negativ" bedeutet, daß sie das Zusammenleben mit anderen stören. Mit Gefühlen sind dagegen positive Emotionen gemeint, die das Zusammenleben fördern. Das wohl positivste Gefühl ist die echte, die umfassende Liebe.

Neugeborene reagieren auf Reize der Umwelt impulsiv, Tieren zu vergleichen, und haben nicht sofort die Möglichkeit, die Kraft des Treffens von Entscheidungen bewußt anzuwenden. Erzieher sollten deshalb so früh wie möglich Kinder dazu führen, selbst kleine Entscheidungen zu treffen. Weil sich viele Eltern dieser Wichtigkeit noch nicht genügend bewußt sind, geben sie selbst oft kein gutes Beispiel für die Kinder ab. Störende Emotionen werden dann immer noch als normal angesehen, denn so war es ja immer und wird es auch so bleiben.

Viele Kinder, deren unbewußtes Ziel immer ist, sich zugehörig fühlen zu können, lernen schon früh, Emotionen zu unterdrücken oder zu verdrängen. Daß dies nicht der richtige Weg sein kann, ist heute wohl schon allgemein bekannt.

Natürlich kann ich mich auch entscheiden, meinen Emotionen freien Lauf zu lassen, was aber auch nicht richtig sein kann, da ich in diesem Fall sehr oft die Würde anderer verletze. Je mehr ich mich entscheide, weniger emotional zu reagieren, desto weniger werde ich es nötig haben, nach Entschuldigungen zu suchen. Die bewußte Anwendung der Entscheidungsfunktion zeigt die Größe des Menschen und vor allen Dingen die Größe seiner möglichen Freiheit, und zwar nicht nur im Fühlen, sondern auch in anderen wichtigen Funktionen wie Denken und Handeln.

Auch meine Gedanken muß ich mir nicht von anderen vorschreiben lassen. Ohne das Bewußtsein der Entscheidungsfähigkeit tue ich nichts anderes als auf andere, ihre Worte und ihr Verhalten zu reagieren, und merke nicht, daß ich dadurch in der Richtung, die ein anderer vorgedacht hat, weitermache. Dadurch entstehen viele Vorurteile.

Ich sehe und höre im Fernsehen, wie die Anhänger von politischen Parteien sich gegenseitig beweisen, daß sie selbst recht, die anderen aber unrecht haben. Höre ich die Worte des einen, gebe ich ihm oft recht. Wenn dann der andere entgegnet, habe ich vielleicht den Eindruck, daß auch er recht hat. Wenn ich mich aber entscheide, über das Gehörte nachzudenken, dann kann ich herausfinden, daß vielleicht keiner von beiden mit seinen Gedanken richtig liegt.

Wenn wir nicht beginnen, unser Denken selbständig durchzuführen, dann wird Einstein recht behalten mit seinem Ausspruch: „Wenn die Menschheit nicht bereit ist, umzudenken, anders, neu zu denken, dann wird sie untergehen." Anders zu denken als seither erscheint uns aber nicht einfach, weil wir zu wenig an uns und deshalb auch nicht an unser Denkvermögen glauben. Es ist ein Zeichen unserer Entmutigung, daß uns das wesentlich Neue Angst macht. Wir meinen, daß es besser ist, beim alten Denken zu bleiben, mit dem wir vertraut sind und das uns deshalb eine gewisse Sicherheit zu geben scheint. Mit den neuen Gedanken haben wir noch keine Erfahrung, und schon deshalb erscheint es uns unbequem zu sein.

Die Entscheidungsfunktion wird uns noch weiter beschäftigen. Zunächst müssen wir uns aber einer neuen Art des Denkens zuwenden, die unser Denken verfeinert und uns zu präziseren Denkergebnissen führen kann.

Das Stufendenken

Der Mensch ist eine Einheit, ein Ganzes. Dies ist nicht immer leicht zu erkennen, da er auf verschiedenen Ebenen, auch Stufen genannt, lebt. Mit seinem Körper gehört er zum Beispiel zur Mineralstufe mit ihren Hauptfunktionen Dasein, Existieren und Dienen. Die Erde dient den Pflanzen. Man kann sogar sagen, daß schon auf dieser Stufe der soziale Faktor eine Rolle spielt, wenn man daran denkt, wie schon die kleinste materielle Einheit aus Partikelchen wie Elektronen, Protonen und anderen besteht, die sich gegenseitig anziehen oder abstoßen.

Die nächste Stufe nach oben, die Pflanzenstufe, beinhaltet außer den oben genannten weitere Funktionen wie Wachsen, sich Fortpflanzen und Empfinden. Auch hier spielt der soziale Faktor eine Rolle, ersichtlich zum Beispiel in der Symbiose, dem Zusammenleben gewisser Pflanzenarten.

Am offensichtlichsten ist für den menschlichen Körper die nächsthöhere Ebene, die Tierstufe. Es ist also kein Wunder, daß die auf dieser Stufe geltenden Gesetze und Funktionen, zusätzlich zu den seither genannten, sowohl für den Tierkörper als auch für den menschlichen Körper von Bedeutung sind. Es handelt sich in erster Linie um physikalische, chemische und biologische Funktionen wie Leben, Wachsen, Bewegung und Entwicklung. Eine andere wichtige Funktion ist die Wahrnehmung mit den fünf äußeren Sinnen Sehen, Hören, Riechen, Schmecken und Tasten. Weitere Funktionen auf dieser Ebene sind Instinkte, Anpassungs- und Lernfähigkeit, ein gewisses Gedächtnis und besonders auch das Reagieren sowie das Emotionale wie zum Beispiel Affekte.

Aus der bisherigen Darstellung ist verständlich, daß sie hier nicht erschöpfend sein kann, sondern nur als kurze Beschreibung dem Zweck dient, das später zu erklärende Stufendenken besser zu verstehen.

Auf der nächsten Stufe, der typisch menschlichen, seelischen, kommen weitere Gesetze und Funktionen hinzu, wie etwa die Gefühle, das Bewußtsein, die Erkenntnis, die Möglichkeit, Entscheidungen zu treffen, sowie die Sprache.

Auf der höchsten Stufe, der geistigen, kommen zu allen seither aufgeführten Funktionen und Gesetzen neue hinzu, wie Glauben, Intuieren, Träumen, Beten, Meditieren, Erkennen und sich Beraten.

Das Vorhandensein dieser fünf Stufen des Daseins sowie ihre Erkenntnis helfen, die typisch menschlichen Funktionen zu verfeinern. Dies bedeutet, uns in unserer Erkenntnis, in unseren Worten und im Bewußtsein zu entwickeln, Gedanken präziser auszudrücken und in unserem Tun ein realistisches Wertesystem zu bilden. Dabei müssen wir in Betracht ziehen, daß der Umgang mit dem Stufendenken anfänglich auch etwas verwirren kann. „… die Stufenunterschiede in dieser Welt des Zufalls sind ein Hindernis für das menschliche Verständnis."[5]

Zum Beispiel sagt mir der Begriff „Liebe" gar nichts, wenn ich nicht weiß, von welcher Stufe der Liebe die Rede ist. Denn Liebe auf der Tierstufe ist eine andere als die Liebe auf der menschlichen oder auf der geistigen Ebene. Oder wenn sich ein Mädchen in einen Alkoholiker verliebt, dann ist eine solche Liebe als unrealistisch zu bezeichnen, da ihre Zuneigung normalerweise nicht genügen kann, um den Betreffenden vom Alkohol wegzubringen, was sie eigentlich erhofft hatte.

Ein anderer Begriff ist „Freiheit". Handelt es sich um die innere oder die äußere Freiheit? Geht es um die Freiheit von etwas oder zu etwas?

Oder nehmen wir „Gehorsam". Aufgrund der Erkenntnis von der notwendigen sozialen Gleichwertigkeit unter den Menschen wird Gehorsam auf der menschlichen Stufe immer unwichtiger. Auf der tierischen Stufe spielt er nach wie vor eine wesentliche Rolle, insofern Tiere ihren Instinkten gehorchen. Und auf der Stufe der Verbindung des Menschen mit Gott und seinen Manifestationen ist Gehorsam gegenüber dem Wort Gottes höchste Tugend.

Die inneren Sinne

Zur Verinnerlichung unseres Erkenntnisvermögens gehört insbesondere die Erkenntnis von den inneren Sinnen, die einen typischen Unterschied zwischen der Tier- und Menschenstufe darstellen. Wenn ich etwas mit den äußeren Sinnen der Wahrnehmung beobachtet habe, also durch Sehen, Hören, Schmekken, Riechen und Tasten, die wir mit dem Tier gemeinsam haben, dann sollte der erste innere Sinn in Kraft treten, nämlich unser Vorstellungsvermögen, ehe ich über das Wahrgenommene nachdenken kann. Denken ist der zweite innere Sinn. Durch Überlegung komme ich zum dritten inneren Sinn, dem Begriffsvermögen, dem Verständnis. Das Begriffene kann ich dann dem Gedächtnis, dem vierten inneren Sinn, zuleiten.

Wenn ich die inneren Sinne nicht bewußt benütze, können viele Nachteile entstehen. Zum Beispiel habe ich von meiner kleinen Tochter ein Schimpfwort gehört und reagiere impulsiv darauf mit Ärger und Unmut, weil ich zu bequem bin, das Gehörte meinem Vorstellungsvermögen zuzuleiten. Jedes impulsive Reagieren auf mein Kind macht mich in demselben Augenblick zum Spielball des Kindes, weil ich mich von den Worten des Kindes bestimmen lasse und damit auf meine Rolle als Erzieher verzichte. In dieser Situation ist das Kind also stärker als ich.

Dieses Beispiel zeigt insbesondere, wie etwas entsteht, was unser heutiges Zusammenleben am meisten erschwert, nämlich unsere *Emotionen*. Was ich machen könnte, wäre, das Gehörte über mein Vorstellungsvermögen an das Denkvermögen weiterzugeben, damit ich verstehe, wieso oder wozu meine Tochter das Geäußerte mißbraucht. Auf diese Weise könnte ich zum Beispiel feststellen, daß das Gesagte von untergeordneter Bedeutung ist und sie nichts anderes wollte, als meine Zuwendung oder Aufmerksamkeit zu bekommen. Denn in diesem Augenblick glaubte sie nicht, dies durch positives Verhalten erreichen zu können.

Etwas anderes, was unser Zusammenleben ungemein stört, sind die so weitverbreiteten *Vorurteile*. Diese sind unpersönliches Denken aus zweiter Hand und entstehen dadurch, daß wir etwas Wahrgenommenes wohl unserem Vorstellungsvermögen zuleiten, aber dann es dabei belassen, weil wir zum persönlichen Darüber-Nachdenken wieder einmal zu bequem sind. Ich folge hierauf einfach dem Wahrgenommenen, mache mich damit von der Meinung anderer abhängig und verzichte so auf mein Erkenntnisvermögen. Ich bleibe beim bloßen, leeren Wissen stehen, mit anderen Worten, bei leeren Vorstellungen und eitlen Einbildungen. Damit stehe ich meiner persönlichen Entwicklung im Wege.

Die Erkenntnis der inneren Sinne führt mich vom Wissen zur Erkenntnis. Wissen aber genügt oft nicht, um zu Taten zu kommen. Hierzu bedarf es der Erkenntnis.

Zum Schluß noch ein Wort zu einer bedeutungsvollen Erkenntnis: Was immer wir tun, hängt auch von unserer Einstellung ab, damit wir mehr und mehr zum richtigen Tun gelangen. Das Wichtige dabei ist, daß jeder allein *mit dem Verstand* seine *Einstellung ändern* kann im Gegensatz zu unseren Emotionen, über die wir nicht so einfach und auch nicht so schnell verfügen können, um sie zu ändern.

Das Prinzip Verfeinerung

Die neue Zeit erfordert ein feineres Unterscheidungsvermögen, mehr Präzision im Denken und Sichausdrücken, größere Klarheit in der Einstellung und Erkenntnis von Stufen und Abstufungen. Es folgen deshalb typische Beispiele für diese Erkenntnis, die uns im Zusammenleben mit anderen und mit uns selbst helfen können. Die Reihenfolge, in der diese Beispiele gebracht werden, spielt keine Rolle:

Fehler – Fehlhaltung

Der Unterschied zwischen diesen beiden ist wesentlich. Menschsein heißt Fehler machen. Jeder macht Fehler, ohne daß deshalb die Welt einstürzt. Viele Fehler können wir verbessern. Wenn jemand sich bemüht, nie einen Fehler zu machen, entmutigt er sich selbst, weil er mehr sein will als ein Mensch, was völlig unrealistisch ist. Bin ich aber nicht bereit, aus meinen Fehlern zu lernen und aus größeren Fehlern kleinere zu machen, mache ich immer wieder die gleichen Fehler. Dies ist eine Fehlhaltung, die zu ändern oder abzulegen sich in jedem Falle lohnt, weil ihre Beibehaltung nicht nur der eigenen Entwicklung, sondern oft auch der Entwicklung anderer im Wege steht. Mit einer Fehlhaltung wird fast immer eines der Nahziele – natürlich meist unbewußt – verfolgt.

Vorsicht – Angst

Mit Vorsicht an etwas heranzugehen zeigt Klugheit und sogar Weisheit und ist deshalb immer richtig. Wenn ich aber aus oder mit Angst etwas in die Hand nehme, dann ist das Gelingen von vornherein in Frage gestellt, denn was immer wir aus Angst oder

Feigheit tun, dafür müssen wir bezahlen. Mit anderen Worten, Angst ist keine Hilfe, wie so oft gemeint wird, sondern Angst führt oft gerade das herbei, wovor man Angst hat. Ein Kind zum Beispiel, das Angst vor einem Hund hat, provoziert damit das Tier, das sich dann oft so verhält, wie das Kind befürchtet hat. Hierauf fühlt es sich in der Richtigkeit seiner Angst bestätigt.

Freundlich und fest

Dies ist eine großartige Methode im Zusammenleben mit schwierigen Menschen und Kindern, die aber leider noch zuwenig bekannt ist. Viele können freundlich sein, aber nicht fest. Noch mehr können fest sein, aber nicht freundlich. Die meisten können freundlich und fest sein, aber nicht zur gleichen Zeit. Darauf aber kommt es an: Von niemandem muß ich mir meine Einstellung ändern lassen, gegenüber anderen freundlich zu sein. Gleichzeitig aber bin ich mir gegenüber fest, das zu tun, was ich für richtig halte.

Einem Tyrannen gegenüber ist dies oft die einzig wirkungsvolle Methode. Ich widerspreche nicht seinen Anordnungen, weil dies sofort zum Streit führen würde, sondern bleibe freundlich und sage: „Du magst recht haben, ich muß mir dies überlegen." Nachdem ich es mir überlegt habe, kann ich zur Einsicht kommen, daß die Anordnung berechtigt war. Es kann aber auch das Gegenteil der Fall sein, so daß ich zu einer besseren Lösung komme und sie durchführe.

Macht der Betreffende mir hierauf Vorwürfe, bleibe ich gelassen und freundlich, ohne mich aber zu rechtfertigen. Denn dies würde nur wieder zum Streit führen. Darin bleibe ich fest, mir nämlich von niemandem vorschreiben zu lassen, mich in einen Streit einzulassen. Voraussetzung zu dieser Verhaltensweise ist der Glaube an sich selbst.

Weder streiten noch nachgeben, sondern verstehen und helfen wollen

Wenn ich mit jemandem streite, verletze ich seine Würde. Wenn ich nachgebe, verletze ich meine eigene Würde. Also kann weder das eine noch das andere richtig sein. Ehe ich helfen kann, muß ich verstanden haben, um was es geht. Verstehen tun wir, indem wir uns überlegen, welches Nahziel jeder mit seinem negativen Verhalten im Augenblick verfolgt.

Habe ich es verstanden, dann ist es noch keine Garantie, zu wissen, was ich in einer gegebenen Situation tun kann. Aber eines kann ich immer tun, nämlich mich für meine Einstellung entscheiden, helfen zu wollen. Auch durch äußere Einwirkung kann ich am Helfen gehindert werden, weil vielleicht die Umstände oder andere stärker sind als ich, aber am Wollen kann mich niemand und nichts hindern.

Gelassen hinnehmen statt nachgeben

Auch dies ist ein großer Unterschied. Nachgeben kann nie richtig sein. Aber etwas in einem gegebenen Augenblick gelassen hinzunehmen, um nicht gegen Windmühlenflügel anzukämpfen, ist ein Zeichen von Erkenntnis und Klugheit. Sobald ich aber feststelle, daß mein geplantes Tun machbar und realistisch geworden ist, werde ich es durchführen.

Nicht widersprechen, sondern zustimmen

Wenn jemand eine unrichtige Meinung äußert, ist es sinnlos, ihm zu widersprechen. Denn niemand wird es akzeptieren, von jemand, der es besser wissen will, sich korrigieren zu lassen. Zuerst müssen wir dem, was einer sagt, mit Interesse zuhören und dann auch zustimmen, wenn es zunächst als Unsinn erscheinen mag. Denn von seinem Standpunkt her hat er recht, wenn er auch nicht das Ganze sieht. Deshalb ist meine Zustimmung zunächst weder unaufrichtig, noch heißt sie, daß ich aus schwarz weiß mache. Um ihm zu helfen, frage ich hierauf, ob das, was er geäußert hat, auch in einer anderen Situation richtig sei. Auf diese Weise merkt er, daß ich ihm durch mein besseres Wissen nicht überlegen sein will. Er hört mir also zu, überlegt sich die von mir als Beispiel gegebene Situation und kann dann von selbst darauf kommen, daß seine ursprüngliche Ansicht nicht ganz richtig war, sondern durch die Erkenntnis des Ganzen ergänzt werden muß. Somit hat er das Gefühl, von selbst zur richtigen Erkenntnis gekommen zu sein.

Aber auch diese Verhaltensweise erfordert den Glauben an sich selbst, so daß ich ihm sein Gefühl der Überlegenheit ruhig lassen kann, ohne es nötig zu haben, meine Überlegenheit zu demonstrieren.

Gewalt – Macht

Gewalt kann nur in einer Situation richtig sein, wenn sie nämlich einer reinen Motivation entspringt, beispielsweise zum Wohl des anderen geschieht und in Freundlichkeit vollbracht wird. Sonst ist die Anwendung von Gewalt immer falsch. Wichtig aber ist die Erkenntnis, daß die Menschen, die für die Gewaltlosigkeit sind, nicht auf Macht verzichten dürfen. Denn ohne Macht, die von den Gewaltlosen ja nicht mißbraucht wird, würden sie die Welt den Gewalttätigen überlassen.

Nicht verlangen, sondern bitten
In einer Partnerschaft zum Beispiel ist es immer falsch, von anderen etwas zu verlangen. Wenn ich von meinem Ehepartner etwas brauche, bitte ich ihn darum. Auch der Chef eines Unternehmens kann viel mehr erreichen, wenn er seine Mitarbeiter bittet, statt etwas von seinen Untergebenen zu verlangen.

Mitarbeit nicht verlangen, sondern gewinnen
Früher war es üblich, von Kindern, von Schülern, von Untergebenen die Mitarbeit zu verlangen. Auch heute meinen noch viele, daß es doch viel leichter sei, als die anderen zur Mitarbeit zu gewinnen. In einer Gesellschaft von Gleichwertigen hat dies aber immer weniger Erfolg. Es lohnt sich aber, sich vorher zu überlegen, wie ich jemand zur Mitarbeit gewinnen kann, weil dieser dann viel williger dazu bereit ist und weil das Zusammenleben und Zusammenarbeiten so viel positiver gestaltet werden kann.

Von anderen abhängig, ohne sich bestimmen zu lassen
Zur Würde des modernen, also gleichwertigen Menschen gehört es, daß er sich und sein Leben selbst bestimmen kann, gleichgültig in welcher Art der Abhängigkeit von anderen er sich befindet. Ich bin von meiner Familie abhängig, muß mich aber von ihr nicht bestimmen lassen. Oder ein Mann ist finanziell von seiner Frau abhängig, ohne daß diese das Recht hat, ihn zu bestimmen. Auch die Firma, von der so viele Beschäftigte abhängen, hat nicht mehr das Recht, diese zu bestimmen. Wir alle

hängen von den Ladengeschäften ab, in denen wir einkaufen, aber in diesem Fall würde wohl niemand darauf kommen, sich gegenseitig bestimmen zu wollen.

Nur Staatsregierungen haben ein gewisses Recht, durch Gesetze die Regierten zu bestimmen. Wenn dieses Recht aber übertrieben wird, dann wird das sogenannte Volk sich dagegen wehren.

Mehr als Tatsachen zählt der Gebrauch, den wir von ihnen machen

Für bestimmte Aufgaben und Berufe, wie Richter, Ärzte, Rechtsanwälte, sind die Tatsachen wichtig, aber im Leben des einzelnen ist es viel bedeutsamer, wie er eine bestimmte Situation erlebt. Da der heutige Mensch sich seiner Individualität sehr bewußt ist, wird die gleiche Situation von den verschiedenen Beteiligten ganz anders erlebt. Wenn man zum Beispiel in einer Ehe von Tatsachen spricht, kommt es meist zum Streit, weil die Beteiligten sich nicht genügend bewußt sind, daß das Erleben einer Tatsache für den einzelnen wichtiger ist als die Tatsache selbst.

Mitgefühl statt Mitleid

Wenn ich jemanden bemitleide, so hat dieser oft das Gefühl, mir unterlegen zu sein. Wenn ich aber mein Mitgefühl zum Ausdruck bringe, heißt das, daß ich mit ihm fühle, aber gleichzeitig das Vertrauen zu ihm habe, daß er mit der in Rede stehenden Situation fertig werden kann. Dies ermutigt ihn.

Nicht beherrschen, sondern führen

Jeder Mensch kann in die Lage kommen, daß ihm Führung durch andere notwendig erscheint. Dafür wird er dann dankbar sein. Führung kann aber leicht in Beherrschung ausarten und stellt damit einen Mißbrauch dar, den keiner haben will, solange er noch ein Stückchen Selbstachtung besitzt.

Tat und Täter unterscheiden

Da kein Mensch vollkommen sein kann, wird niemand sicher sein, immer fehlerlos handeln zu können. Wenn jemand einen Fehler macht, dann leidet darunter aber nicht sein Wert. Er ist nach wie vor der gleiche Mensch, der ein Anrecht auf Anerkennung hat. Die schlimmste vorstellbare Tat ist wahrscheinlich der Mord. Aber auch ein Mörder wird deshalb nicht zum Tier, sondern bleibt trotz seines unmenschlichen Verhaltens ein Mensch. Die Tat ablehnen muß nicht heißen, auch den Täter abzulehnen. Gleichgültig, was einer tut, er ist und bleibt mein Mitmensch, mein Mitgeschöpf, für den ich eine gewisse Mitverantwortung habe. Er hat die Hilfe durch andere nötig, ob er sie annimmt oder nicht, aber er braucht nicht ihren Haß.

Tat und Täter zu unterscheiden ist eines der mächtigsten Mittel, über das wir verfügen können, wenn wir am besseren Zusammenleben mit anderen interessiert sind. Je mehr wir an uns selbst glauben, desto mehr können wir an andere glauben, und desto mehr können wir einander ermutigen.

Spontan statt impulsiv

Eine Mutter (oder natürlich jeder Erzieher), die impulsiv auf ihre Kinder reagiert – so verständlich es zunächst erscheinen mag –, benützt in diesem Augenblick keinen ihrer inneren Sinne und wird deshalb sehr rasch zum Spielball der Kinder.

Spontaneität kommt mehr von innen heraus, wobei das „Innere" so erzogen und trainiert werden kann, daß es nichts mit der mehr äußeren Impulsivität zu tun hat, sondern durch Erkenntnis, Liebe und Glauben von selbst auf das Richtige gesteuert ist. Man kann auch sagen, was das Zusammenleben betrifft, ist Spontaneität positive Impulsivität, während Impulsivität eine negative Spontaneität ist.

Das Negative der Impulsivität zeigt sich meist darin, daß sie von Emotionen begleitet ist, also von Gefühlen, die das Zusammenleben stören.

Miteinander, nicht zueinander sprechen

Dieser scheinbar kleine Unterschied ist von allergrößter Bedeutung für das friedliche und liebevolle Zusammenleben. Miteinander setzt gegenseitige Achtung und Güte voraus, während Zueinander-Sprechen die Gewohnheit dessen ist, der überlegen sein will, wobei es nicht darauf ankommt, ob er sich dieser Tendenz bewußt ist oder nicht. Wir alle wissen, wie man zueinander spricht. Man kann sogar sagen, daß unser Alltag daraus besteht.

Im allgemeinen haben es Ehepartner nicht gelernt, zu einem echten Gespräch miteinander zu kommen. Jeder kann es aber lernen, wenn er Folgendes beachtet: Erstens soll man ein Gespräch nicht vom anderen verlangen, sondern ihn darum bitten. Zweitens soll man sich an einem Ort zusammenfinden, wo man möglichst lange nicht gestört werden kann. Drittens ist eine positive Stimmung nötig sowie die vorherige Übereinstimmung, das Gespräch abzubrechen, wenn einer dabei sauer wird. Die vierte Vorausbedingung ist am wenigsten leicht: Ich darf nicht mit einem Problem, das der Partner hat, an ihn gelangen wollen, weil er sich dann sofort als angeklagt oder herabgesetzt oder kritisiert fühlt und weil er dann nicht mehr am Gespräch, sondern nur noch an seiner Rechtfertigung und Verteidigung interessiert ist. Es ist also nur sinnvoll, von einem eigenen Problem zu sprechen, für dessen Lösung man den Partner um seine Mitarbeit und Hilfe bittet.

Wie ich etwas sage, ist wichtiger als das Was
Der berühmte englische Schauspieler Garrick schloß einmal mit seinen Freunden eine Wette ab, daß er durch das bloße Aufzählen des Alphabets seine Zuschauer zu Tränen rühren könnte. Er tat dies in einer Weise, daß keiner seine Tränen zurückhalten konnte, und gewann die Wette. Was zählt, sind die feinen Nuancen im Ton der Stimme und in der Mimik und Gestik.

Kritik statt Krittelei
Echte Kritik ist konstruktiv und kann deshalb zur Besserung und zum Fortschritt führen. Krittelei aber ist destruktiv wie Nörgelei und führt zur Entmutigung.

Wenn ich am Verhalten meines Gegenübers etwas auszusetzen habe, seien es seine Worte oder seine Ideen und Gedanken oder sein Benehmen, so fühlt er sich kritisiert. Eine konstruktive Kritik wäre es aber zum Beispiel, ihm zu sagen, daß man seine Idee prima findet. Gleichzeitig fragt man ihn, ob er etwas dagegen hat, daß man gern noch eine Ergänzung dazu anbringen würde.

Dienen statt Bedienen
Der Dienst am anderen ist notwendig, besonders wenn wir die soziale Gleichwertigkeit aller Men-

schen im Auge haben. Bedienen aber im Sinne des Sklavendienstes der Vergangenheit kann unwürdig sein, wenn es nicht einer reinen Motivation entspringt. Letzteres könnte beispielsweise der Fall sein, wenn ich aus Liebe einmal meine Partnerin bediene. Wenn sie sich aber regelmäßig bedienen läßt und dies als ihr gutes Recht ansieht, dann könnte es ihr selbst zum Nachteil gereichen, der sie vielleicht daran hindert, sich zu entwickeln.

Religion und Kirche
Man sollte meinen, daß jedem dieser Unterschied bekannt ist. Es kann aber auch sein, daß man sich dieses Unterschieds gar nicht bewußt werden will. Wie oft kommt es heute vor, daß Leute aus Mißfallen an ihrer Kirche diese verlassen und nicht merken, daß sie durch diesen Schritt oft auch die Religion aufgeben. Letztere aber kommt von Gott, während Kirchen oft nur Menschenwerk sind. Oft geschieht dann auch der nächste Schritt, daß man nach einem Ersatz sucht, der in den meisten Fällen nichts weiter als Ersatz ist.

Agieren statt Reagieren
Reagieren heißt, von anderen oder von Umständen sich bestimmen zu lassen, und ist deshalb des modernen Menschen nicht mehr würdig. Agieren aber ist jeweils meine eigene Entscheidung. Es wird oft der Fall sein, daß man aus Höflichkeit anderen gegenüber reagieren soll, dann aber durch Agieren, wenn immer möglich. Wenn mich jemand ärgert, dann ist dies eine Reaktion, die nicht sein muß. Viel besser wäre es, sich nicht für seinen Ärger zu entscheiden, sondern sich zu überlegen, ob man dem helfen kann, dessen Verhalten ich zum Anlaß

nehmen wollte, meinen Ärger zu erzeugen. Diese Überlegung stellt schon ein Agieren dar, selbst wenn ich im Augenblick noch nicht weiß, was ich tun kann.

Sachliche Selbsterkenntnis statt Eigenlob
Selbstbeurteilung ist als Voraussetzung zur Entwicklung eine Notwendigkeit. Dazu gehört es, sowohl seine positiven als auch seine negativen Seiten sich möglichst unvoreingenommen bewußtzumachen und sich selbst nichts vorzumachen. Je weniger ich bereit bin, mich so zu sehen, wie ich wirklich bin, desto mehr werde ich immer wieder im Kampf mit mir selber stehen. Dadurch kann ich aber nichts erreichen außer einem sinnlosen Verbrauch von Energie und Kraft.

Autorität der Gemeinschaft statt der des Individuums
Auch unter Gleichwertigen soll die Autorität der Gemeinschaft, also der Gruppe, in der man lebt, wichtig genommen werden. Wir sollen nicht nur auf die Gesetze des Staates Wert legen, sondern auch auf die oft nicht geschriebenen Gesetze der eigenen Familie, der Schule, des Betriebs und der Gemeinde. Die Autorität einer Einzelperson dagegen wird immer bedeutungsloser, besonders wenn es sich nicht um eine echte, sondern gewollte Autorität handelt, mit welcher der Betreffende andere beherrschen will.

Anpassung statt Konformismus
Anpassung um jeden Preis kann nicht ausschließlich reinen Beweggründen entspringen. Auch hier ist der Maßstab die menschliche Würde des einzelnen. Zum Beispiel läßt der Konformismus die Erwägung

außer acht, daß auch eine Gemeinschaft Fehler machen kann. Der Konformist steht der Entwicklung der Gemeinschaft im Wege. Die richtige Anpassung verfolgt sowohl das Wohl der Gemeinschaft als auch das Wohl des einzelnen. Die wahre Anpassung denkt nicht nur an das Hier und Jetzt, sondern auch an die Zukunft.

Übereinstimmung von Wort und Tat
Wenn meine Worte sich von meinem Tun und Verhalten unterscheiden, können sie keine Wirkung erzielen, selbst wenn sie theoretisch Richtiges vertreten. Bei den Angesprochenen können sie sogar Aggressionen auslösen. Dieses Problem ist schon lange bekannt. Trotzdem findet der einzelne es nicht leicht, sich danach zu richten. Die Erklärung hierfür liegt an dem zu geringen Glauben an sich selbst. Man meint, zu der erforderlichen Umstellung nicht genügend Kraft und Energie zu haben.

Es gibt noch ungezählte Beispiele für Verfeinerungen. In den folgenden Kapiteln werden wir immer wieder auf dieses Prinzip stoßen.

Unsere Liebesfähigkeit entwickeln

Der Mensch, schon seit mehr als zweitausend Jahren als soziales Wesen erkannt, kann nicht allein existieren. Kein Mensch wird Mensch ohne andere Menschen. Wir alle sind Gemeinschaftswesen, leben in der Gemeinschaft, von der Gemeinschaft, für die Gemeinschaft und sind auf sie angewiesen. Ihr verdanken wir tausend Dinge, von der Nahrung bis zur Kleidung und der Sprache. Wie viele haben uns geholfen, das zu werden, was wir sind! Ein Sich-Ausschließen aus der Gemeinschaft kann deshalb nur sehr selten richtig sein. Jeder hat nicht nur die Verantwortung für sich selbst, sondern auch eine Mitverantwortung für die anderen.

Jeder lebt in irgendeiner Form von Gemeinschaft. Zuerst von Religionsstiftern, dann immer mehr allgemein gefordert, ist heute die Gleichwertigkeit aller Menschen als notwendiges Prinzip erkannt, ohne das das Zusammenleben heute nicht mehr denkbar ist. In der Vergangenheit empfand sich der einzelne nicht so sehr als Individuum, sondern er war eben ein Teil der Gruppe, der Familie, später des Stammes, des Clans und schließlich der Stadtstaaten und der Völker.

Je größer die Gemeinschaft wurde, desto nötiger mußte sich eine Führung bilden. Einzelne gewannen Ansehen durch ihre Persönlichkeit, durch Erfolg und Besitz und durch den religiösen Glauben. Den

Menschen, die führten, wurde ein größerer Wert gegeben als dem Volk. Die Bildung von Gruppen wie Gottkönige, Priesterärzte, Adelige ermöglichte es, durch ihre besondere Stellung sich Vorteile und Privilegien zu verschaffen.

Ersichtliche Unterschiede zwischen den Menschen wurden mißbraucht, um Gruppierungen vorzunehmen mit dem Ziel, sich anderen Gruppen überlegen fühlen zu können. Die Verschiedenfarbigkeit der Haut, der ererbte Adel, Auszeichnungen und später der Geldadel vergrößerten die herrschende Ungleichwertigkeit bis heute. Tradition tat ein übriges und ebenso die herrschenden Vorurteile. Auf diese Weise konnten gewisse Gruppen sich mehr Vorteile verschaffen als andere. Und noch heute stehen solche Unterschiede sogar der Religion, des Besitzes, des Alters und des Geschlechts der Durchführung der als notwendig erkannten sozialen Gleichwertigkeit im Wege.

Dabei wird jeder Mensch mit Gemeinschaftsgefühl geboren, das aber nur dann zutage tritt, wenn es entwickelt wurde. Gemeinschaftsgefühl ist der Glaube an andere, was aber nicht heißt, sich der Gemeinschaft um jeden Preis anzupassen und konform zu gehen. Wenn die Gemeinschaft, in der man lebt, sich nicht richtig verhält, dann ist es Aufgabe dessen, der dies erkannt hat, ihr zum richtigen Tun zu verhelfen.

Gemeinschaftsgefühl ist aber auch die Liebe zum Mitmenschen. *Rudolf Dreikurs* drückte dies so aus: „Je größer das Gemeinschaftsgefühl, desto mehr ist Liebe das Mittel des größten Beitrags für einen anderen und der aufrichtigste Ausdruck dazuzugehören." Er meinte auch, daß nur ein mutiger Mensch fähig ist, wirkliche Liebe zu erleben. Ohne

Vertrauen zu uns selbst und zu anderen ist konstruktive Liebe unmöglich.

„Vertrauen und Achtung sind die beiden unzertrennlichen Grundpfeiler der Liebe, ohne welche sie nicht bestehen kann."[1]
„Liebe ist das Mittel zur größten Glückseligkeit in der Welt des Stoffes wie der Welt des Geistes."
„In der Welt des Seins gibt es keinen mächtigeren Magneten als die Liebe."[2]

Sicherlich ist über die Liebe schon unendlich viel geschrieben worden. Eine genaue Definition ist wohl kaum möglich, weil wohl jeder dieses Wort anders verwendet und andere Vorstellungen damit verbindet. Und wenn wir sagen, daß bei der umfassenden Erkenntnis und bei der umfassenden Liebe kein Unterschied in ihrer Bedeutung besteht, so ist dies kein Widerspruch zu dem Wort „Das Wissen bläst auf, aber die Liebe bessert."[3] Erkenntnis ist mehr als Wissen. Wenn es bei der Erkenntnis um die Entwicklung und Verfeinerung unseres Denkvermögens geht, so kommt es jetzt darauf an, durch die Entwicklung und Verfeinerung von Gefühlen ihrer höchsten Ausformung, der umfassenden Liebe näher zu kommen. Auch hier gilt der Grundsatz, daß wir nie ganz dieses Endziel erreichen, daß es aber als ewig richtungweisend vor uns steht. Und dies ist eine realistische Einstellung im Gegensatz zum unrealistischen Perfektionismus.

Es erscheint angebracht, von der Feststellung auszugehen, daß alle Religionsstifter als Offenbarer Gottes, als seine Manifestationen, grundsätzlich von zwei Arten der Liebe gesprochen haben. Sie alle lehrten die Liebe des Menschen zu Gott und die

Notwendigkeit der Liebe von Mensch zu Mensch. Die Liebe Gottes zum Menschen ist ein Glaubensbekenntnis, das zu definieren oder zu erklären keinem Menschen zusteht. Es dürfte aber nicht unrichtig sein, die Liebe Gottes zum Menschen als den Ursprung aller Liebe in der Schöpfung zu bezeichnen.

Die Liebe des Menschen zu Gott ist das Ergebnis des individuellen religiösen Glaubens jedes Menschen. Wie stark jemand Gott liebt, hängt ganz von der Stärke seines Glaubens an Gott ab. Deshalb ist für unsere Überlegungen nur eine Aussage möglich: Je stärker jemand an Gott glaubt, desto mehr kann er auch die Menschheit lieben. Ich bin das Geschöpf Gottes genauso wie alle Menschen, ob sie daran glauben oder nicht. Weil ich Gott liebe, kann ich über ihn auch die derzeit 5 1/2 Milliarden Menschen als meine Mitgeschöpfe lieben, gleichgültig, welcher Religion, welcher Rasse, welcher Kultur und Nation sie angehören. Persönlich kann ich aber nur eine sehr beschränkte kleine Zahl meiner Mitmenschen lieben.

Jeder wird mit der Fähigkeit zu lieben geboren. Diese Fähigkeit muß aber entwickelt werden. Dazu bedarf es der Hilfe anderer Menschen. Natürlicherweise ist die Mutter der erste Mensch, der zu dieser Hilfestellung berufen ist. Je mehr sie an die Liebe glaubt, je mehr Liebe sie geben und zeigen kann, desto größer sind die Chancen des kleinen Kindes, seine Liebesfähigkeit zu entwickeln.

Später kommt es aber immer noch darauf an, wen das Kind dann zum Gegenstand seiner Liebe macht. Hat es Pech, daß es von Ersatzpersonen großgezogen wird (auch ein alleinerziehender Vater kann heute noch meist nur als Ersatz für die Mutter gelten) oder daß die Mutter ihre Liebesfähigkeit selbst nicht genügend entwickeln konnte, so wird die Gefahr bestehen, daß dieses Kind im Erwachsenenalter selber mit der Liebe nicht genügend umgehen kann. Es kommt aber auch vor, daß jemand verhältnismäßig spät im Leben einen liebenden Freund oder Partner trifft und von ihm lieben lernen kann.

Außerdem ist es immer wieder erstaunlich, wie viele Menschen wegen mangelnder eigener Liebesfähigkeit sogar mit der Hilfe eines Psychotherapeuten Liebe noch „lernen" können.

Herr E., 41 Jahre, lebt allein und hat weder Freunde noch eine Freundin. Vor kurzem hat er eine kleine Erbschaft erhalten und leistete es sich, einen Psychotherapeuten aufzusuchen. Sein ganzes Leben lang war er unglücklich und hat nur von Gelegenheitsarbeiten gelebt. Seine Hauptbeschäftigung bestand aus dem Lesen von Büchern aller Art, die für ihn gleichsam ein Ersatz für Menschen waren. Folglich war er sehr belesen, aber nicht das, was man gebildet nennt.

Seine Biographie ergab folgendes: In der Kindheit war er mit einem älteren Bruder aufgewachsen, der in allem ein Star war, sei es zu Hause oder in der Schule, im Sport oder in der Musik. Außerdem war noch eine kleine Schwester da, so daß er ein mittleres Kind wurde. Immer wurde er mit seinem erfolgreichen Bruder verglichen, der ihm als gutes Beispiel vorgehalten wurde. Bald war er das schwarze Schaf der Familie, zumal seine Schwester, die überall beliebt war, durch ihr Aussehen und ihren Scharm sich vor Freunden und Bekannten kaum retten konnte.

Herr E. fühlte sich in der Kindheit ungeliebt,

wurde immer bockiger, fiel mehrmals in der Schule durch und brachte es fertig, daß die Familie sich seiner schämte, während seine Eltern auf seine Geschwister stolz waren.

Früh verließ er das Elternhaus und gab jeden Kontakt mit ihm und allen anderen Verwandten auf. Schon oft hat er an Selbstmord gedacht, weil ihm bewußt war, daß sein Leben völlig verpfuscht war. Auch von Religion wollte er nichts wissen. Zum Glück traf er einen Psychotherapeuten, der sein Vertrauen gewinnen konnte, wenn es im Falle eines so hohen Grades von Entmutigung zu Anfang natürlich nicht leicht war.

Sein Leben lang hat er sich nach Liebe gesehnt, stand aber durch sein Verhalten einer noch so geringen Verwirklichung selbst im Wege. Langsam fing er an, mehr an sich zu glauben und zu akzeptieren, daß Liebe gelernt werden kann. Ganz allmählich fing an, die Menschen mit anderen Augen anzusehen und selbst mehr auf sein Äußeres zu achten.

Eine solche Lebensgeschichte ist nicht häufig anzutreffen, und vielleicht ist es noch seltener, in diesem Alter zu lernen, daß sich ein Aufgeben nie bezahlt macht. Hier konnte man wirklich sagen: „es ist nie zu spät, aber immer höchste Zeit"[4]. Denn schließlich fand er den Mut, sich neu zu orientieren und Schritte zu unternehmen, um der selbstgewählten Vereinsamung zu entrinnen.

Vielleicht klingt die Feststellung überheblich, daß wir alle mehr oder weniger noch Anfänger in der Liebe sind, wenn wir daran denken, was Liebe sein kann, nämlich die Hergabe von allem, was man hat und ist. Durch diese Tatsache dürfen wir uns nicht entmutigen lassen. Schließlich sind es seit Jesus

Christus erst 66 Generationen, und erst jetzt fangen wir langsam an, diese Dinge realistischer zu erkennen. Verglichen mit dem Leben eines einzelnen, ist die heutige Menschheit sicherlich nicht älter als höchstens 18 Jahre. Auch Geduld können wir lernen!

„Furcht ist nicht in der Liebe, sondern die völlige Liebe treibt die Furcht aus."[5] Dieses Zitat hilft uns, zu verstehen, daß es etwas gibt, was uns bisher daran gehindert hat, mehr zu lieben: Wir leben in einer Entmutigungsgesellschaft, in welcher Angst die große Rolle spielt. Unsere Kinder werden von allem Anfang an entmutigt, weil auch die Eltern entmutigt sind und noch nicht genügend gelernt haben, wie man andere und auch sich selbst ermutigen kann. Ermutigung ist eine der Hauptaufgaben unserer Zeit. Ermutigung heißt, aus größeren Ängsten kleinere machen. Also hilft bewußte Ermutigung, die Furcht zu verkleinern und die Liebe zu vergrößern.

Ob wir es uns bewußtmachen oder nicht, wir sind alle Meister in der Entmutigung geworden. Dies darf uns aber nicht verführen, diese Tatsache zur Entschuldigung zu benützen. Das nächste Kapitel wird sich ausführlich mit diesem Problem befassen. Vorher ist aber ein anderer Faktor zu besprechen, dessen Verständnis für die Entwicklung der Liebesfähigkeit zwischen den Menschen von großer Bedeutung ist.

Die soziale Gleichwertigkeit
von Frau und Mann

Wir sind heute wohl bewußter als früher, aber wahrscheinlich sind wir auch entmutigter. Aus diesem Grund ist eine Haupttendenz der heutigen Zeit das Kompensieren oder besser gesagt, die Überkompensation. Schon in der frühen Kindheit werden wir durch Geschwister und Eltern meist unbewußt entmutigt, so daß wir nach dem Leben in der Familie der Eltern, in der heutigen Entmutigungsgesellschaft keine große Chance mehr haben, unseren Mut zu vergrößern. Im Gegenteil, jeder trägt, mehr oder weniger unbewußt, dazu bei, nicht nur sich selbst, sondern auch andere noch weiter zu entmutigen. Je entmutigter einer ist, desto mehr befaßt er sich mit sich selbst und kann desto weniger an die Gleichwertigkeit mit anderen glauben.

So bestechend und vernünftig die soziale Gleichwertigkeit erscheint und als Theorie verhältnismäßig unschwer akzeptiert werden kann, so weit sind wir noch von der tatsächlichen Verwirklichung entfernt. Es ist nicht pessimistisch, sondern nur realistisch, anzunehmen, daß tatsächliche Gleichwertigkeit im Zusammenleben noch einige Generationen erfordern wird. Auch die vernünftigsten Männer in der westlichen Gesellschaft lassen sich immer noch gern von ihren Frauen verwöhnen, in denen sie gar nicht selten auch noch ihre Mutter sehen. Aber wehe, wenn aus dem Paschasein ein goldener Käfig wird. Bestimmen läßt sich heute niemand gern, weder Männer noch Frauen. Die Angst der Frauen vor dem Dominiertwerden durch Männer ist genauso groß wie die Angst der Männer, über Frauen nicht dominieren zu können. Die

Zukunft gehört dem Ehepaar, das statt einer solchen Angst Vertrauen zueinander hat. In diesem Fall schaut man nicht mehr darauf, wer dominiert, sondern jede Situation wird von beiden gemeistert, wobei es selbstverständlich wird, daß derjenige, der in einem gegebenen Augenblick besser darauf vorbereitet ist, mehr als der andere beiträgt. In der nächsten problematischen Situation kann es eben der andere sein, ohne daß man sich deshalb groß Gedanken macht. Zählen tun nur das Miteinander und das Füreinander sowie der beiderseitige Glaube, das gegenseitige Vertrauen.

Männer, die zu bequem sind, sich über dieses Problem Gedanken zu machen, lehnen die Gleichwertigkeit von Frau und Mann einfach ab. Dann gibt es Männer, denen sofort genügend Punkte einfallen, wieso der Mann immer noch der Frau überlegen ist. Dies ist eine müßige Spielerei, denn es ist selbstverständlich, daß noch auf verschiedenen Gebieten die Frauen den Männern hinterherhinken, weil seither den Männern viel bessere und mehr Ausbildungsmöglichkeiten zur Verfügung standen. Sogar heute noch ist es üblich, für die genau gleiche Arbeit den Männern mehr zu bezahlen als den Frauen. Immer noch müssen Frauen mehr leisten, wenn sie die gleiche Entlohnung haben wollen wie Männer. Und trotz aller Entwicklung wird nicht nur Ausbildung und Arbeit, sondern sogar das Leben in der Gesellschaft den Frauen schwerer gemacht.

Unglücklicherweise sind es aber nicht nur Männer, die der Gleichwertigkeit im Wege stehen, sondern auch sehr oft die Frauen selbst, wenn sie nämlich zu wenig an sich selber glauben. In unserer Entmutigungsgesellschaft sind Männer stärkere Entmutiger als Frauen. In Wirklichkeit brauchen aber beide Ermutigung, und es gibt in einer Paarbeziehung wohl kaum etwas Dringenderes, als daß beide bewußt darin übereinstimmen, sich gegenseitig zu ermutigen. Viele Männer wollen es sich nicht eingestehen, daß auch sie Ermutigung durch den Partner brauchen. Und immer noch spielt der dumme männliche Stolz, der Männlichkeitswahn eine Rolle. Eine Frau ist im Durchschnitt eher bereit, sich helfen zu lassen, während der Mann dies ablehnt. „Ein Mann muß damit allein fertig werden."

Vielleicht lohnt es sich doch, zu überlegen, in welchen Dingen und auf welchen Gebieten die Durchschnittsfrau dem Durchschnittsmann schon heute überlegen ist. Wir werden dann erstaunt sein, in welch wichtigen Bereichen dies tatsächlich der Fall ist: Frauen sind oft weichherziger und haben weniger Hemmungen, dies zu zeigen. Sie sind mitfühlend und haben mehr Verständnis für Notleidende, Arme und Kranke, von denen die heutige Welt so voll ist. Ein Beispiel dafür ist der Drogenhandel, der von Männern regiert wird, weil sie Barmherzigkeit, Mitempfinden, echte Menschlichkeit weniger gelernt und trainiert haben. Herzensgüte ist eine Tugend, die weder in Politik noch im Wirtschaftsleben und in der Geschäftswelt gefragt ist. In diesem Jahrhundert der Kriege und Kämpfe, des Streits und der Uneinigkeit haben die Frauen mit ihrer Friedensliebe und der deutlichen Ablehnung des Kriegs zu wenig bewirken können, weil sie in diesen Welten noch zu wenig das Sagen haben. Und wenn Frauen sich diesen männlichen Methoden des Kriegs anpassen, dann nur, weil sie in ihrem Kampf um Gleichwertigkeit meinen, es sich nicht leisten zu können, in den Augen von Männern schwach dazustehen. Immer wenn in der Geschichte der Menschheit eine seither unterdrückte Gruppe nach oben kommen wollte, dann ahmten verständlicherweise ihre Mitglieder die Mitglieder der seither herrschenden Gruppe nach. Dabei ist es den einzelnen nicht genügend bewußt, welche Eigenschaften und Verhaltensweisen nachahmenswert sind und welche nicht.

Um einem möglichen Einwand zu begegnen, muß diese Aussage über die Friedensliebe der Frau noch ergänzt werden. Sicher kann festgestellt werden, daß Frauen streitsüchtiger sein können als Männer. Da sie aber im Durchschnitt realistischer als Männer sind, erkennen sie besser die Grenzen des Streits. Wenn in den Regierungen der Welt heute schon genauso viele Frauen das Sagen hätten wie Männer, dann kann man davon ausgehen, daß Streit im großen, also Kriege, vermieden würden, die oft infolge einer männlichen Maßlosigkeit entstehen. Frauen neigen zu mehr Mäßigung.

Die Zärtlichkeit der Frauen wird von Männern meist geschätzt. Und wie viele Frauen leiden darunter, daß viele Männer es nicht genügend gelernt haben, zärtlich zu sein. Wenn wir das bisher Gesagte zusammenfassen, können wir nicht umhin festzustellen, daß die Frau letztlich von der Liebe mehr versteht als der Mann. Das, was wir heute in der Literatur, in Theater und Film und Kunst als Liebe vorgesetzt bekommen, entspringt mehr der groben, ja verrohenden, wenn nicht sogar unmenschlichen, tierischen Phantasie von Männern. Die Reinheit und Keuschheit der Frau ist immer weniger gefragt. Keuschheit ist ein Wort, das kaum noch benützt wird, so daß junge Leute manchmal ernsthaft fragen, was damit gemeint ist.

Auch auf anderen Gebieten zeigt sich die tatsächliche, wenn auch oft unbewußte Überlegenheit der Frau. Zum Beispiel ist die Durchschnittsfrau unserer Zeit geistig regsamer. Wir müssen nur auf psychologische Gruppen, auf Seminare der Fortbildung und des Lernens schauen, dann ist dies leicht dadurch festzustellen, daß der Anteil der weiblichen Teilnehmer fast immer größer ist als der der Männer. Diese Tatsache kann nicht einfach wegerklärt werden durch den Hinweis, daß Männer oft eine bessere Ausbildung genießen durften oder daß Männer in ihrer beruflichen Arbeit mehr strapaziert werden, selbst wenn manche Männer dazu neigen, die Wichtigkeit ihrer Arbeit und ihrer Leistungen durch Müdigkeit am Abend zu demonstrieren.

Erstens wird es immer häufiger der Fall sein, daß Frauen genauso außerhalb des Hauses arbeiten, genauso unter Streß stehen und dennoch eher bereit sind, abends in ein Konzert oder zu einem Vortrag zu gehen. Frauen sind lernbereiter.

Im Durchschnitt sind sie auch eher willens, Fehler einzugestehen. Beim Fernsehen wählt die Frau eher ein Programm, aus dem sie etwas lernen kann, während der Mann oft Filme mit geringem Tiefgang vorziehen würde.

Etwas hat sich geändert, was vielleicht früher nicht immer ganz unberechtigt war, daß Männer ihren Frauen vorgeworfen haben: „Du kannst halt nicht logisch denken." Die heutige Frau ist dazu wohl imstande. Außerdem hat sie dem Mann etwas anderes voraus, was in seiner Wichtigkeit immer mehr erkannt wird: Intuition.

Intuition haben heißt, daß ich plötzlich eine Einsicht habe, die ich im Augenblick nicht begründen kann. Woher mein Wissen kommt, weiß ich nicht. Deshalb galt Intuition früher als unwichtig, hauptsächlich weil die naturwissenschaftlichen Methoden nicht ausreichen, diese geistige Funktion zu verstehen. Erst vor wenigen Jahren ist das erste wissenschaftliche Buch über Intuition erschienen[6]. In der Psychologie hat vornehmlich C. G. Jung sich damit befaßt und bezeichnet sie als eine grundsätzliche menschliche Funktion. Intuition als typisch weibliche Möglichkeit anzusehen ist ein Vorurteil, das dadurch entstanden ist, daß Männer seither der Intuition zu wenig Bedeutung gegeben und sie deshalb zu wenig entwickelt haben.

Durch die heutige Erkenntnis, daß es in der Menschheitsgeschichte noch keine Zeit gab, wo der Dienst am anderen so wesentlich war, hat das Dienen eine ganz andere Bedeutung bekommen. Es geht beim Dienen nicht darum, zu bedienen oder gar Sklavendienste zu verrichten, sondern jeder braucht die Dienste anderer. Ob man sich dies immer bewußtmacht, spielt keine Rolle. Je mehr einer bereit ist, anderen zu dienen, zu helfen, desto geistiger ist er. Dienen, nämlich Dienst am anderen, wurde um eine Stufe erhöht.

Jeder Politiker sollte sich noch viel mehr, als es heute üblich ist, dauernd bewußt sein, daß seine Verantwortung darin besteht, dem Volk zu dienen. Jeder sollte sich überlegen, was seiner Familie dienlich ist. Eine Mutter sollte immer darüber nachdenken, was dem Wohl ihres Kindes dient, ohne dessen Sklavin zu werden. Männern fällt es heute noch schwerer, kleinen Kindern zu dienen.

Eine andere weibliche Überlegenheit zeigt sich darin, daß Frauen in der Regel mehr Geduld aufbringen als Männer. Mangelnde Geduld ist ein

Zeichen unserer Zeit, das nur allzuoft zum Streit führt: Wenn jemand zu einer Verabredung pünktlich ist, aber auf den anderen warten muß, empfindet er es als Mißachtung und macht dem Unpünktlichen tatsächlich oder wenigstens innerlich Vorwürfe. Natürlich ist er sich in diesem Augenblick nicht bewußt, daß er damit den anderen herabsetzt und sich selbst ein Gefühl der Überlegenheit erschleicht.

Es klingt nicht schön, aber in Wirklichkeit sind wir an den Fehlern unserer Nächsten zutiefst interessiert![7] Erst wenn wir das erkannt haben, können wir trainieren, geduldiger zu werden. Allem kann ich eine positive Seite abgewinnen, warum also nicht auch einer Wartezeit? Diese könnte ich dazu benützen, um mir etwas zu überlegen und gewisse Gedanken zu ordnen.

Eine schon erwähnte Überlegenheit der Frau besteht darin, daß sie oft realistischer ist, während ein Mann sich häufig mit großen Idealen und Plänen befaßt und damit der Wirklichkeit nicht immer genügend Rechnung trägt. Zu diesem größeren Realismus der Frau gehört, daß sie von ihrem Glauben an Gott oft mehr ergriffen ist und ihn in der Realität verwirklichen will. Dies ist kein Gegensatz, denn ein Mensch, der das Geistige, das Göttliche ablehnt, kann heute nicht mehr als Realist angesehen werden.

Diese kurze Besprechung von Möglichkeiten der Frau, dem Mann überlegen zu sein, könnte vielleicht manchen Mann entmutigen. Auch hier kommt es wieder auf die Einstellung an: Männer, die dies nicht erkennen wollen, werden es nicht allzu schwer finden, Gegenargumente zu erfinden. Die richtige Einstellung wäre es aber, Frauen, die solche Überlegenheiten besitzen, als Glücksfall für sich anzusehen und sich von ihnen helfen zu lassen. Denn warum sollte man nicht an sich selber glauben und erkennen, daß man dem anderen dann auf anderen Gebieten helfen kann.

Unsere Kampfbereitschaft verringern

Jeder Streit in der Welt fängt in gleicher Weise an: Einer, der recht haben will, trifft auf einen anderen, der auch recht haben will. Diese Erkenntnis erweist sich auch bei Gruppen als richtig, gleichgültig, wie groß oder klein die Gruppe ist, ob es sich um eine Familie oder um eine ganze Nation handelt.

Woher kommt diese Einstellung, die wir überall, sei es zu Hause oder in der Schule, im Berufs- und Arbeitsleben sowie besonders stark im Wirtschaftsleben und in der Politik beobachten können? Man identifiziert sich mit dem Recht. Wer recht hat, gilt als der Überlegene. Wer in einer gegebenen Situation unrecht hat, fühlt sich minderwertiger. Sich das Gefühl der Überlegenheit zu verschaffen wird durch Rechthaben erleichtert. Man fühlt sich stärker, weil wir in einer Konkurrenzgesellschaft leben, wo die meisten entmutigt sind und Angst haben, der Unterlegene zu sein.

Tatsächlich hat der Wert eines Menschen nichts damit zu tun, ob er recht hat oder nicht. Es ist unmöglich, immer recht zu haben. Es gibt keine Sicherheit, immer recht haben zu können. Wenn einer dies glaubt, ist er ein unrealistischer Perfektionist. Einer, der immer recht haben will, geht anderen auf die Nerven. Die Erkenntnis des Sowohl-Als-auch hat sich durchgesetzt. Früher meinte man, daß eine Angelegenheit oder Sache nur entweder so oder so richtig sein kann. Heute wissen wir, daß zum Beispiel Physiker erkannt haben, daß Licht ein Partikelchen ist, daß es aber genausogut als Welle angesehen werden kann. Beide Erkenntnisse sind richtig, nur kann man sie nicht zu gleicher Zeit beobachten.

„Zu meinen, daß wir im Recht sind und andere für im Unrecht halten, ist eines der größten Hindernisse auf dem Weg zur Einheit."[8] Wenn mir jemand beweisen will, daß ich unrecht habe, weiß ich, daß er dies nötig hat, weil er letztlich zu wenig an sich glaubt und deshalb seine gewünschte Überlegenheit (als Überkompensation) zeigen will.

Eine andere Verhaltensweise ist weit verbreitet: Ich werde angegriffen und will mich rechtfertigen. Wenn auch nicht immer zum Streit, so wird dies meistens nicht zu dem notwendigen sachlichen Gespräch führen, und schnell ist einer der Gesprächspartner, wenn nicht sogar beide, mindestens schlechter Stimmung. Wenn Sich-Rechtfertigen als Gegenangriff gemeint ist, dann kann es nicht richtig sein. Wenn aber die Rechtfertigung liebevoll und sachlich geführt wird, weil also keiner die Überlegenheit über den anderen zum Ziel hat, dann kann Recht-haben-Wollen auch einmal richtig sein. Man will im Gespräch zu neuen Erkenntnissen gelangen, die natürlich für beide von Wichtigkeit sind. Immer wieder kommt es auf die Motivation, die Reinheit der Beweggründe an.

Weil heute so viele schon in der frühen Kindheit durch die Eltern oder andere erleben, wie wichtig das Recht genommen wird, wird oft das Recht über den Menschen gestellt, was niemals zur Gerechtigkeit führen kann. Gerechtigkeit ist zuerst einmal die soziale Gleichwertigkeit aller Menschen. Ob es sich um die Verschiedenheit der Rasse, der Religion, der Kultur, der Hautfarbe, des Geschlechts, der Generation oder der Größe handelt, alle Menschen sollten gewisse Grundrechte haben wie das Recht auf Frieden, Kultur, Entwicklung ihrer geistigen Fähigkeiten, wozu zum Beispiel Gerechtigkeit, Liebe, Mitgefühl, Barmherzigkeit, Vertrauenswürdigkeit, Aufrichtigkeit und Gemeinschaftsgefühl gehören, die in uns angelegt sind. Die Rechte auf Arbeit, menschenwürdiges Leben, Glück, Erziehung, Erkenntnis, Verantwortung, Sinnerfülltheit, Leistung von Beiträgen sind ebenso wesentlich wie die Rechte auf Ehe, persönliche Freiheit, Bewegungsfreiheit, Gedanken-, Gewissens- und Religionsfreiheit und die Achtung des Privat- und Familienlebens. Auch das Verbot jeder Art von demütigender und die Würde antastender Behandlung darf nicht vergessen werden.

Es gibt auch unwesentliche Rechte, wozu besonders die verschiedenen Rechte gehören, die mit der verschiedenen Funktion eines Individuums in einer Gemeinschaft zusammenhängen. Eine Funktion des Vaters ist beispielsweise, Geld für die Familie zu verdienen. Er hat deshalb das Recht, die Zeit des Mittagessens zu bestimmen, weil er über Mittag nur eine Stunde vom Geschäft heimkommen kann. Eine Funktion seines kleinen Sohnes besteht darin, durch Spielen sich zu üben und Fertigkeiten zu lernen. Diese Funktion ist für das kleine Kind genauso wichtig wie die Funktion des Vaters. Sie gibt ihm aber nicht das Recht, die Zeit des Mittagessens zu verschieben, nur weil er mit seinem Spiel, etwa dem Bauen eines Turms, noch nicht fertig ist.

Wenn das Recht gegeneinander gebraucht, vielmehr mißbraucht wird, dann wird es zum größten

Feind der Gerechtigkeit. Zwei Zwillingsgeschwister regten sich schon im zarten Alter von drei Jahren auf: Der eine sagte: „Ich bin der Ich, und du bist der Du." „Nein", sagte der andere, „ich bin der Ich, und du bist der Du!" Die Eltern amüsierten sich köstlich darüber, machten es sich in diesem Augenblick aber nicht bewußt, daß sie aus diesem Vorfall hätten lernen können, den Kindern in geeigneter Weise klarzumachen, daß Liebe zu und Achtung vor dem anderen wesentlicher als Rechthaben ist.

Jeder hatte recht, aber beide sahen nur ihren eigenen Standpunkt, keiner war in der Lage, das Ganze zu sehen. Nichts ist geringfügig oder läppisch genug, als daß es nicht zum Streit führen könnte. Je geistiger ein Mensch ist, desto weniger wird er auf solche Situationen hereinfallen, desto weniger Interesse wird er haben, festzustellen, wer mehr im Recht ist. Worauf es ankommt, ist die Achtung vor dem anderen und vor sich selbst, die Liebe zum Mitmenschen sowie unsere Mitverantwortung gegenüber dem anderen.

Eine andere Situation, die oft zum Streit führt, hat mit unseren Vorstellungen zu tun:

Das Ehepaar K., erst seit einem knappen Jahr verheiratet, gerät immer mehr in Streit wegen der notwendigen Hausarbeit. Beide arbeiten beruflich, aber der Mann erwartet, daß die Frau abends die Hausarbeit verrichten muß, während er nur hilft, wenn es ihm gerade einfällt. Die Frau hat den Eindruck, daß er dies mit einer gewissen Herablassung tut. Was sie ärgert, ist, daß er mit Worten, also in der Theorie, durchaus die Gleichwertigkeit von Mann und Frau vertrat. Er tut sich sogar etwas darauf zugut, so fortschrittlich zu sein. Was beide nicht wußten, war, daß er schon in seiner Kindheit die Vorstellung entwickelt hatte, daß Hausarbeit eher minderwertig ist, was durch das Verhalten seiner unterwürfigen Mutter und des dominierenden Vaters hervorgerufen wurde. Die Frau holte sich bei einer älteren Freundin Rat, die ihr ein offenes Gespräch empfahl, das aber nur möglich sei, wenn sie in diesem Augenblick nicht schon verärgert sei. Frau K. brachte es fertig, ihren Mann um ein Gespräch zu bitten. Beide erzählten sich Situationen aus ihrer Kindheit, in denen die Einstellung der Eltern zu dem Problem der Arbeit von Frau und Mann ersichtlich wurde. Da beide nicht nur vernünftig waren, sondern noch große Zuneigung füreinander hatten, führten mehrere Gespräche schließlich dazu, daß jeder seine eigenen Vorstellungen und die des Partners besser verstehen konnte. Gemeinsam konnten sie daraus die entsprechenden Schlußfolgerungen für ihr eigenes Zusammenleben ziehen.

Der vielleicht wichtigste Faktor, der zu Streit und Entzweiung führt, sind unsere Emotionen. Statt ihnen freien Lauf zu lassen oder sie zu unterdrükken, gibt es einen besseren Weg, der aber nicht nur wenig bekannt ist, sondern im ersten Augenblick als mühsam erscheinen kann.

Das Kind hat sich schlecht benommen. Die Mutter fragt wie üblich: „Warum hast du das getan?" In vielen Fällen, besonders bei kleineren Kindern, bekommt sie die Antwort: „Ich weiß nicht." Darüber ärgert sich die Mutter noch mehr. Dabei ist diese Antwort in vielen Situationen wahr, denn das Kind weiß es wirklich nicht, daß es mit diesem Verhalten die Aufmerksamkeit und die Zuwendung der Mutter erhalten wollte. Dies war das dem Kind selbst meist unbewußte Ziel. Würde die Mutter dies verstehen, könnte sie erkennen, daß sie selbst mit der Emotion des Ärgers nichts erreichen kann. Dafür könnte sie sich aber Gedanken machen, ob sie ihrem Kind tatsächlich zu wenig Aufmerksamkeit gibt. In diesem Fall sollte sie weiterdenken, wie sie sich wohl verhalten kann, damit ihr Kind es nicht für nötig hält, lieber negative Aufmerksamkeit zu bekommen als gar keine.

Wie können wir diese Erkenntnis anwenden?

Nehmen wir als Beispiel Frau und Herrn D., die dauernd miteinander im Kampf stehen. Der Hauptanlaß ist der Mann, der keinerlei Sinn für Ordnung entwickelt hat, im Gegensatz zu seiner Frau, die in ihrem Haushalt immer alles in Ordnung haben will. Heute ist draußen ein richtiges Sudelwetter mit Schneematsch. Frau D. befindet sich gerade im Flur, als ihr Mann nach Hause kommt. Sie sieht, daß er seine Füße nicht richtig abgetreten hat und auf dem Flur Spuren hinterläßt. Sie bittet ihn, bei diesem Wetter seine Schuhe besser abzuputzen. Gutmütig geht er zum Fußabstreifer zurück. Am nächsten Tag die gleiche Situation. Frau D. ärgert sich schon etwas, aber er nimmt sie liebevoll in die Arme und verspricht ihr, nächstes Mal von selbst daran zu denken. Wieder vergißt er es, und diesmal legt sich Frau D. keine Zügel an, sondern schimpft richtig mit ihm. Da sie ihm seine Unordnung vorhält, ärgert er sich auch und wehrt sich, indem er ihr auch etwas vorhält, was sie falsch macht. Der Abend ist verdorben.

Mit Ärger kann man nichts erreichen. Als Frau D. sich zum ersten Mal ärgert – so verständlich ihr Ärger war –, folgte sie unbewußt dem Nahziel Nr. 2

(s. S. 18ff.). Sie erhielt von ihrem Mann Zuwendung und war im Augenblick damit zufrieden. Beim nächsten Ärger war ihr Ziel aber, sich ihrem Mann überlegen zu fühlen. Sie sonnte sich in der Herrlichkeit ihrer Ordnungsliebe. Ihr Mann wollte sich nicht unterlegen fühlen, so daß es zum offenen Streit zwischen ihnen kam. Es war das Ziel Nr. 3. Hätte Frau D. ihren Ärger auch noch am nächsten Tag gezeigt, dann hätte sie ihrem Mann den ganzen Tag vermiesen können, was auf das Ziel Nr. 4 hindeuten würde.

Wie sieht es nun bei Herrn D. aus? Dadurch, daß er seine Schuhe nicht reinigte, könnte schon eine gewisse Unterschätzung der Hausarbeit mit im Spiel sein, besonders als er dann beim zweiten Mal es vergessen hatte. Er hat in diesem Augenblick seiner Frau das Gefühl gegeben, sie nicht genügend zu achten. Somit war sein Nahziel auch Nr. 3, was deutlich wurde, als er zum dritten Mal das Fußabstreifen „vergessen" hatte.

Zusammengefaßt suchte seine Frau mit Hilfe ihrer Ordnungsliebe im Haushalt zu dominieren, während er durch seine Mißachtung sich dagegen wehrte. Was war zuerst da? Die Henne oder das Ei? Dies spielte keine Rolle mehr, denn beide waren offensichtlich auf dieses Kampfspiel bestens vorbereitet. Sein Fehler ist die Mißachtung seiner Frau und ihrer Hausarbeit. Ihr Fehler ist, daß sie dominieren will. Wer das „Spiel" angefangen hat, ist von untergeordneter Bedeutung.

Wenn beide mit der *Methode der Nahziele* vertraut wären, dann könnten sie sich miteinander beraten und helfen und gleichzeitig sich vom anderen helfen lassen. Denn genau wie die Vorurteile sind auch die Nahziele beim anderen leichter zu erkennen als bei sich selbst. Beide berufen sich auf Tatsachen, weil sie die neue Methode der *Erkenntnis von Nahzielen* noch nicht gelernt haben. Mit anderen Worten, statt die Wurzel des Unkrauts zu vernichten, zupfen sie nur die Blätter ab, so daß die Anlässe zum Streit immer häufiger wurden. Auf diese Weise entmutigen sie einander mehr und mehr.

Eifersucht ist ein weiterer Liebestöter und führt zu einem Dauerkampf, weil der eifersüchtige Partner nicht erkennen will, daß er mit seiner Eifersucht zum Beispiel den anderen großartig bestimmen kann (Ziel 3). Der nicht-eifersüchtige und nicht-treulose Partner fühlt sich hilflos und wehrlos, und dies ist etwas, was die meisten Menschen mehr verärgert als vieles andere.

Ein anderer, in modernen Ehen sehr häufiger Mißklang wird durch den an sich sehr berechtigten Wunsch der Frau, mit ihrem Mann in ein Gespräch zu kommen, hervorgerufen. Da eine Frau oft redegewandter ist als ihr Mann, versucht dieser dem Gespräch auszuweichen, und zieht sich in seine Arbeit oder ins Büro zurück (Ziel 5).

Wenn ich feststelle, welches der fünf Nahziele im Augenblick die Hauptrolle spielt, dann kann ich die entstehenden Emotionen nicht weiter pflegen. Schließlich sind die *Nahziele* alle *negativ*, und da fast jeder von sich selbst eine gute Meinung aufrechterhalten will, kann er das betreffende Ziel nicht mit gutem Gewissen weiterverfolgen. Eine ausführliche Darstellung dieser für das friedliche Zusammenleben so wichtigen Methode findet der Leser in dem Büchlein „Frieden mit dem Partner"[9].

Konfliktlösung

Viele wissen nicht, wie sie Konflikte lösen können. Man nimmt sich vor, darüber zu schlafen und am nächsten Tag mit etwas Positivem anzufangen. Dieser Lösungsversuch ist nicht schlecht, nur kommt es dann oft vor, daß man am nächsten Tag mit frischen Kräften den Kampf fortsetzt. Andere sehen eine Lösung darin, nicht mehr miteinander zu sprechen, bis die gegenseitigen Anti-Gefühle von selbst verschwinden. Auch dieser Lösungsversuch ist denkbar, nur kann es geschehen, daß das beiderseitige Schweigen Tage dauert. Am schlimmsten ist das Paar daran, das trotz der bestehenden Emotionen weiterkämpft, bis einer oder beide todmüde und erschöpft einschlafen, ohne zu einer Lösung gekommen zu sein. Am nächsten Morgen geht man unausgeschlafen, zerschlagen, niedergeschlagen und mißmutig seinen täglichen Pflichten nach, um bei der nächsten Gelegenheit den Kampf wieder aufzunehmen.

Es gibt eine bessere Lösung, die allerdings die Kenntnis von fünf Schritten erfordert, die helfen können:

Erstens ist es nötig, sich die *richtige Einstellung* zu verschaffen. Dazu gehört das Akzeptieren der Situation, der ich eine positive Seite abgewinnen kann, indem ich mir sage, daß nach dem reinigenden Gewitter die Sonne wieder scheint. Weiter gehört dazu die Erkenntnis, daß meine Stimmung, die Enttäuschung und Unzufriedenheit meine eigenen Entscheidungen sind, die ich ja ändern kann. Ferner ist es nötig, mein Gefühl der Ohnmacht und meine

Prestigebezogenheit zu vergessen. Außerdem weiß ich, daß Handeln wichtiger ist als Reden, so daß ich mir überlegen kann, was ich jetzt *tun* kann.

Zweitens geht nichts ohne die *gegenseitige Achtung.* Ich trenne die Person meines „Gegners" von seinem Verhalten und kann ihn somit positiv sehen, auch wenn ich sein Verhalten ablehnen muß. Ich erinnere mich an das Kapitel über Verfeinerung, indem darauf hingewiesen wird, daß weder Streiten noch Nachgeben nützen können, sondern daß allein das Verständnis für den anderen not tut, um ihm helfen zu können. Ich stelle mir die Frage: Was habe ich im Konflikt falsch gemacht? Wollte ich recht haben oder mich rechtfertigen? Habe ich meinen Partner durch irgendeine Herabsetzung entmutigt? Oder habe ich ihm gesagt, was er tun oder nicht tun soll?

Drittens wird es hilfreich sein, mir zu überlegen, welche *Beweggründe,* also Ziele, wir beide verfolgt haben, als der Konflikt angefangen hat.

Viertens kommt es darauf an, zu einer bewußten Übereinstimmung mit dem anderen zu kommen. Waren uns die Vergangenheit oder irgendwelche Tatsachen zu wichtig geworden? Ist es nicht besser, die *Zukunft konstruktiv zu gestalten?*

Fünftens wissen wir, daß ohne Zusammenarbeit, also auch beim Konflikt, nichts läuft, und das heißt, daß wir die *Verantwortung teilen* sollen. Ich frage mich selbst: Was kann ich *an mir* ändern? Was kann *ich* tun? Hatte ich wieder einmal zu wenig Mut zur Unvollkommenheit?

Nähere Ausführungen zur Konfliktlösung siehe mein Buch „Frieden mit dem Partner".

Das Prinzip Beratung

Wenn wir gelernt haben, miteinander zu sprechen (s. das Prinzip Verfeinerung), dann können wir uns dem Prinzip Beratung zuwenden, das als Grundpfeiler positiven Zusammenlebens, insbesondere innerhalb der Familie, betrachtet werden kann, ob es sich um zwei oder mehr Beteiligte handelt.

Voraussetzung zur Beratung ist der Glaube an Gerechtigkeit, mit anderen Worten, das Bemühen um Gleichwertigkeit mit dem oder den Teilnehmern an der Beratung. Diese Gleichwertigkeit drückt sich in der Einheit der Teilnehmer aus, und das heißt, daß das Ziel jeder Beratung der Konsens sein soll, also Einigkeit darüber, welche gemeinsamen Schritte aufgrund der Beratung unternommen werden sollen. Beratung verleiht Erkenntnis, ja sogar Gewißheit, setzt aber auch das Bemühen um Einsicht voraus.

Haupterfordernisse für jeden Teilnehmer an der Beratung sind die Reinheit der Motivation (Mut und Gemeinschaftsgefühl), Geistigkeit, Gelassenheit und besonders Bescheidenheit, Demut und Geduld. Jeder soll in vollkommener Freiheit seine Meinung äußern. Dabei sollte keiner einen anderen verletzen oder sich aufgrund von Widerspruch durch einen anderen verletzt fühlen.

Nötig ist vor allem eine gegenseitige positive Einstellung, Höflichkeit, Würde, Sorgfalt und Mäßigung. Wenn wir zu einem wahren Ergebnis der Beratung kommen wollen, dann sollte keiner auf der eigenen Meinung beharren oder die Meinung eines anderen herabsetzen.

Können Meinungsverschiedenheiten nicht beseitigt werden, entscheidet die Stimmenmehrheit. Die,

die überstimmt worden sind, müssen mindestens bis zur nächsten Beratung die erfolgte Entscheidung akzeptieren und dürfen den Beschluß nicht kritisieren.

Und nie vergessen: Besser im Irrtum einig sein als recht haben wollen und uneinig sein. Uneinigkeit führt zum Irrtum, während die Einigkeit im Irrtum viel schneller die Wahrheit erkennen und durchführen läßt.

Besonders wichtig ist, während der Beratung einander zu ermutigen, und die Gelegenheit dafür zu suchen und herbeizuführen. Der Sinn einer Beratung ist auch dadurch zu erkennen, daß es jedem klar sein kann, daß vier oder mehr Augen mehr sehen als nur zwei. Beratung ist nicht nur für Partner wichtig, sondern zum Beispiel auch in der Familie. Der Familienrat[10] ist heute schon eines der bekanntesten Beispiele für die Nützlichkeit, ja Notwendigkeit der Beratung. Eltern beispielsweise können heranwachsende Kinder, etwa von 14 bis 15 Jahren an, oft nur noch mit Hilfe eines Familienrats beeinflussen. Im Falle von jugendlichen Kriminellen ist Gruppenberatung oft noch das einzige Mittel, um helfen zu können.

Der Erfolg einer Beratung, gleichgültig, um was es geht, wird nur durch die Äußerung persönlicher Ansichten erreicht. Geistiger Austausch in einer liebevollen Haltung und Atmosphäre zwischen den Teilnehmern ist unabdinglich, wenn das Ziel der Beratung die Erforschung der Wahrheit ist. Der einzelne sollte seine Ansicht nicht als wahr und richtig hinstellen, sondern als einen Beitrag zur übereinstimmenden Meinung ansehen. Jeder sollte, ehe er seine eigene Meinung äußert, überlegen, ob diese Meinung nicht schon von einem anderen dargelegt wurde, vielleicht sogar besser als die eigene. Warum sich nicht eine überlegene Meinung zu eigen machen?

Meinungsverschiedenheiten sollten wir willkommen heißen, da sie uns weiterhelfen. Wir sollten sie aber nicht dazu mißbrauchen, uns durch sie entmutigen zu lassen.

Vielleicht ist noch eine Warnung angebracht: Seelenentblößung, wie sie heute in psychologischen Gruppen stattfindet, dient, insbesondere wenn sie wie eine Beichte wirkt, im allgemeinen nicht zur Lösung eines Problems.

Wie kann ich lieben lernen?

Das ist eine Frage, die gar nicht so selten gestellt wird. Wenn ich schwimmen lernen will, dann muß ich ins Wasser gehen. Wenn ich lieben lernen will, dann muß ich unter Menschen gehen. Allein für mich kann ich nicht lieben lernen. Derjenige, der eine solche Frage stellt, glaubt sehr wenig an sich selbst und seinen Wert. Er ist überzeugt, ein großes Manko zu haben. Vielleicht hatte er Eltern, die nicht gewohnt waren, zärtlich zu sein, und deshalb nach außen sehr zurückhaltend waren. Wenn jemand in seiner frühen Kindheit Liebe zu wenig erfahren hat oder wenn jemand die übertriebene Liebe der Mutter als Fessel, als goldenen Käfig erlebt hat oder wenn er sich vernachlässigt gefühlt hat, während andere Geschwister ihm vorgezogen wurden, ist es möglich, daß ein Kind die Ursachen hierfür bei sich selbst sucht und den falschen Schluß zieht, nicht geliebt werden zu können oder gar nicht liebesfähig zu sein.

Dieser negative Glaube kann noch verstärkt werden durch spätere negative Erlebnisse, zum Beispiel in der Partnersuche. Eine Möglichkeit, aus diesem Teufelskreis herauszukommen ohne fachmännische Hilfe durch einen Psychologen, ist, ein leeres Blatt Papier zu nehmen und links alles aufzuschreiben, was man positiv an sich findet, und rechts das Negative. Dabei soll man möglichst spontan und objektiv vorgehen. Manche werden dabei Schwierigkeiten haben, weil sie meinen, die *positive Selbsteinschätzung* hätte etwas mit Eigenlob zu tun. Freilich kann niemand sich hundertprozentig positiv beurteilen, und je weniger jemand an sich glaubt, desto schwerer wird ihm ein solches Vorgehen fallen. Wenn dann auf der rechten Seite des Papiers viel mehr Punkte stehen als links, weiß ich, daß ich zuerst lernen muß, mehr an mich zu glauben. Dieses Problem wird im folgenden Kapitel näher erläutert.

Unsere Glaubensfähigkeit bewußter machen

Ermutigung ist eine der wesentlichsten Aufgaben, welche die heutige Zeit von uns fordert. Um dieser Aufgabe gerecht werden zu können, müssen wir den dritten Faktor kennenlernen, der zusammen mit der Liebe und der Erkenntnis zu einem „Dreigestirn der Einheit" gehört, den Glauben.

Das Wort „glauben" hat drei verschiedene Bedeutungen. „Ich glaube, daß wir einen sehr heißen Sommer bekommen" heißt, daß jemand annimmt oder vermutet, daß der kommende Sommer heiß wird. In dieser Bedeutung wird das Wort „glauben" am häufigsten benützt und will sagen, daß man etwas nicht genügend weiß oder wissen kann.

In den Worten Jesu Christi zu einem Menschen, den er von einer Krankheit geheilt hat, „dein Glaube hat dir geholfen", zeigt sich die zweite, ebenfalls häufige Bedeutung. Viele, die das Wort „glauben" hören, verbinden es unmittelbar mit dem religiösen Glauben. Auch als Substantiv „der christliche Glaube" wird es verwendet als Synonym des Wortes „Religion".

Die dritte Bedeutung aber ist weder populär noch, soweit es beurteilt werden kann, bis heute genügend klargemacht oder wissenschaftlich untersucht worden, nämlich Glauben als eine typisch menschliche Funktion auf der geistigen Ebene, wie zum Beispiel Denken und Fühlen menschliche Funktionen sind.

Das religiöse Glauben ist die höchste Ausformung dieser Funktion. Schon immer wurde in der Religion erkannt, welche Kraft diese Funktion besitzt. Auch Medizinern ist dies bekannt. Durch Versuche mit Placebos (unwirksame Scheinmedikamente, die genau wie ein echtes Arzneimittel aussehen und schmecken) wissen sie, daß die Wirkung eines Medikaments sehr stark davon abhängt, ob der Patient an dieses Mittel glaubt oder nicht.

Trotzdem macht man es sich im allgemeinen zu wenig bewußt, daß Glauben als typisch menschliche Funktion wahrscheinlich die größte Kraft ist, über die der Mensch verfügen kann; jedenfalls soweit dies bis heute erkennbar ist.

In der Individualpsychologie wird meist von der *Kraft der Erwartungen* gesprochen oder von der *Kraft des Antizipierens,* weil Glauben durch die oben genannten zwei Bedeutungen schon belegt ist.

Glauben ist mehr als Hoffen. Es ist die einzige Möglichkeit, zu einer Gewißheit zu kommen. Ich glaube an mich selber heißt, daß ich selbstbewußt bin, daß ich überzeugt bin von meinem eigenen Wert und davon, daß ich etwas bewirken kann und viel zu bieten habe. Für diesen Glauben benützen wir meist das Wort Mut. Ich glaube an meinen Ehepartner heißt, daß ich Vertrauen zu ihm habe und weiß, daß ich mich jederzeit auf ihn verlassen kann und daß er mich nicht betrügen wird. Ich glaube an meine Kinder bedeutet, daß ich überzeugt bin, daß aus ihnen etwas wird, daß ich von ihnen lernen kann, wie sie von mir, und daß kein Grund für eine Angst besteht, daß sie mit diesem Leben nicht fertig werden könnten. Ich glaube auch an das Leben, an die menschliche Gesellschaft und an die Zukunft.

Wir alle benützen diese Kraft von morgens bis abends, nur sind wir dessen nicht genügend bewußt. Weil diese Funktion meist unbewußt benützt wird, erscheint sie so oft als negativ. Wenn Mut der Glaube an sich selbst ist, so ist das Gegenteil, nämlich die Angst der mangelnde Glaube, also der Glaube, daß ich etwas nicht schaffe, daß das Leben gefährlich ist, daß andere feindlich gesinnt sind. Glauben heißt demnach, seine Kräfte für den Glauben bzw. für den Unglauben einsetzen.

Die *Angst als negativer Glaube* führt sehr oft gerade das herbei, wovor man Angst hat. Es ist eine uralte Weisheit, daß wir für das bezahlen müssen, was wir aus Angst oder Feigheit tun. Diese neue Auffassung kann uns helfen, auch mehr an unsere Liebesfähigkeit und an unsere Erkenntnisfähigkeit zu glauben. Wie aber kann man glauben lernen? Ich werde es nie lernen, wenn ich von vornherein „weiß", daß ich es nicht lernen kann. Wieviel oder wie wenig jemand glaubt, ist jeweils die eigene Entscheidung des Betreffenden. Wie ein Kaufmann, der zuerst Waren kaufen muß, um sie dann mit Gewinn verkaufen zu können, muß ich also Glauben investieren, ohne Rücksicht darauf, ob ich damit Erfolg habe oder nicht, oder ob ich mich entscheide, mich enttäuscht zu fühlen. Es kann nicht immer aufwärtsgehen. Der Mensch ist keine Maschine. Er lebt, und zum Leben gehört ein Auf und Ab, ein gewisser Rhythmus.

Was immer wir tun, hängt mit der Glaubensfunktion zusammen: Ich stehe morgens auf, weil ich glaube, daß dies besser für mich ist, als liegen zu bleiben und nichts zu tun. Aus demselben Glauben heraus wasche ich meinen Körper, frisiere mich, mache einige gymnastische Übungen und ziehe saubere Wäsche an. Ich frühstücke nur wenig, weil ich im Gegensatz zu meinem Mann glaube, daß mein Magen mir dankbar ist, wenn er nicht schon am Vormittag schwere Verdauungsarbeit zu leisten hat. Mein Mann schwört auf die Tradition des morgendlichen Marmeladebrötchens, das heißt, er glaubt, daß dies in Ordnung ist, weil man dies ja immer so gemacht hat. Ihm tut es gut, weil er daran glaubt; mir würde es nicht bekommen, weil ich in dieser Sache einen anderen Glauben habe als er.

Wir beide glauben, daß das, was wir tun, uns selbst nützt, ohne dem anderen zu schaden. An das Rechthabenwollen glauben wir beide in diesem Augenblick nicht und vermeiden damit fruchtlose Auseinandersetzungen.

Und so benützen wir die Funktion des Glaubens dauernd, aber meistens nicht bewußt. Deshalb kommt es vor, daß wir diese Funktion auch anwenden, wenn es uns nichts nützt oder wenn es unserer Ichhaftigkeit nützt, aber im Zusammenleben mit anderen eher schadet. Es kommt nicht darauf an, wer recht hat, sondern was zählt, ist die Übereinstimmung.

Ein anderes Beispiel: Nach dem Frühstück setze ich mich an meinen Schreibtisch, um an einem Buch zu arbeiten, von dem ich glaube, daß es manchen Menschen helfen kann, mit gewissen Problemen besser fertig zu werden und in ihrem Leben glücklicher zu werden. Anschließend gehe ich in mein Sprechzimmer, um Patienten zu empfangen, von denen ich glaube, daß sie bereit sind, sich von mir helfen zu lassen.

Ein weiteres Beispiel: Eine Frau steht auf und glaubt, daß der Tag wieder viel Freude mit sich bringt. Schon beim Erwachen ist sie froh, weil sie einen schönen Traum hatte. Sie summt eine Melodie vor sich her, bewundert einen Augenblick den herrlichen Sonnenaufgang und ist glücklich über ihre Wohnung, die ihr diesen wundervollen Blick erlaubt.

Nachdem sie im Bad fertig ist, geht sie in die Küche, um das Frühstück vorzubereiten, denn ihr Mann wird in Kürze aufstehen. Sie lächelt, als sie ihn sich räuspern hört, denn es wird jetzt nicht mehr lange dauern, bis er die Wohnung mit seinem Leben erfüllt. Sie dankt Gott, daß sie diesen Lebensgefährten hat, auch wenn er ab und zu ziemlich brummig sein kann. Doch ist sie sich auch bewußt, daß ihre Fröhlichkeit von ihm geschätzt wird und ihm immer wieder geholfen hat.

Sie gießt ihre Blumen, die in der ganzen Wohnung Schönheit, Farbe und Duft verbreiten, und vergißt auch nicht, ganz besonders schön blühende auf den Frühstückstisch zu stellen. In der Zwischenzeit ist ihr Mann ganz wach geworden. Er braucht dazu oft ziemlich lange und beklagt sich fast immer, daß er schlecht geschlafen habe. Er weiß immer ganz genau, wann und wie lange er wach gelegen hat. Sie nimmt es nicht allzu tragisch, denn sie hat ihn gerade in dieser Zeit friedlich schnarchen gehört. Sie zeigt ein wenig Mitgefühl, aber nicht zuviel, weil er sonst anfangen würde, sich über den vor ihm liegenden Arbeitstag zu beklagen.

Alles, was in diesen Beispielen geschildert wurde, zeigt die Bedeutung der Glaubensfunktion. Selbstvertrauen ist ein anderes Wort für das *An-sich-selber-Glauben*. Menschen, die zu wenig an sich selber glauben, bewundern oft andere, die ein großes Selbstvertrauen ausstrahlen oder auch nur demonstrieren. Letztere haben dieses Selbstvertrauen nach außen oft nur deshalb entwickelt, weil sie zutiefst vom eigenen Ungenügen überzeugt sind. „Wer angibt, hat es nötig." Um den Mangel an echtem, innerem Selbstvertrauen zu verschleiern, zeigen sie sich selbstsicher und selbstbewußt, womit sie oft Erfolg haben.

Typische Beispiele dafür sind Menschen mit beruflichem Erfolg, bei denen aber das Familienleben oder der soziale Kontakt mit anderen im argen liegt. Umgekehrt gibt es aber auch den liebenden Familienvater, der beruflich eine Niete ist. Ganze Familien gibt es, die infolge ihrer selbst nicht erkannten Angst vor den anderen zurückgezogen leben und sich über die „Masse" erhaben fühlen.

Erst wenn wir das „Dreigestirn der Einheit" verstehen, können wir herausfinden, welche Schritte jeder, der diese Einsicht gewinnt, unternehmen kann, um zu größerer Erkenntnis, stärkerer Liebe und tieferem Glauben zu gelangen. Erkenntnis, Liebe und Glaube gehören zusammen. Es ist nicht sehr sinnvoll, zu untersuchen, welche dieser drei Funktionen zuerst kommt und welche wichtiger ist als die anderen.

Gebet und Meditation

Der Sinn für Geistigkeit kann hauptsächlich durch Gebet und Meditation erreicht werden. Die innere geistige Entwicklung ist die wirkliche Grundlage und der Zweck der Religion Gottes.

„Wie kann ich beten lernen?" scheint eine Frage

zu sein, die immer mehr Menschen stellen in dem Augenblick, wo ihr Verstand bereit wird, sich religiösen Überlegungen zuzuwenden.

Zu wem beten?

Es gibt zwei Möglichkeiten, an wen wir unser Gebet richten. Einmal sprechen wir zu Gott, dem einen Schöpfergott, gleichgültig welchen Namen die verschiedenen Religionen und Völker ihm gegeben haben. Die zweite Möglichkeit ist, sich an den Offenbarer Gottes, an seine Manifestation und Boten, den Religionsstifter zur Vermittlung zu wenden, also an Krishna, Abraham, Moses, Zoroaster (Zarathustra), Buddha, Jesus, Muhammad, den Bāb und Bahā'ullāh.

Wo beten?

Auch hier gibt es hauptsächlich zwei Möglichkeiten. Man betet in den Häusern der Andacht, in Kirchen und Tempeln, also in Gottes- und Gebetshäusern oder wo der einzelne, sei er allein oder mit anderen, sich zurückziehen kann, um sich ungestört zu fühlen. Auch die Gebetsrichtung kann eine Rolle spielen. Zu denken ist dabei an Orte wie Jerusalem, Mekka und Akka.

Was ist das Gebet?

„Das Gebet ist eine Leiter, auf der jedermann zum Himmel emporsteigen kann."[1] Zu Gott flehen ist ein Licht für das Herz, Erleuchtung für unser Schauen, Leben für unsere Seele und Erhöhung für unser Wesen. Das Gebet wird oft als Verbindung des Menschen mit Gott und als Zwiesprache mit ihm bezeichnet. Man kann es auch als Gottesdienst definieren oder ansehen als geistige Nahrung, die die Seele des Menschen ernährt. Es ist eine heilende Arznei für die Seele und ein Licht für unsere Herzen.

Warum beten?

Weil Gott will, daß wir zu ihm beten, wie dies in verschiedenen heiligen Schriften klar ausgedrückt wird. Es ist ein Zeichen der Gnade Gottes und seiner Barmherzigkeit. Außerdem ist der Drang zu beten natürlich und entspringt der Liebe des Menschen zu Gott.

Wozu beten?

Wenn wir zu Gott beten, wachsen unsere geistigen Anlagen und Fähigkeiten, besonders unsere Erkenntnis und unser Verständnis. Die Zuwendung zu Gott belebt unsere geistigen Kräfte aufs neue und hilft, sich von materiellen Dingen und dem kleinen Ich abzuwenden. Unser Wahrnehmungsvermögen, das innere Gesicht wird geistiger. Diese Vervollkommnung des inneren geistigen Lebens ist notwendig, damit Religion nicht zur bloßen Organisation entartet und abstirbt.

Gott soll nicht unsere Wünsche und Sehnsüchte stillen. Das Gebet hilft uns, unsere Wünsche dem göttlichen Willen anzupassen und in Übereinstimmung zu bringen. Anders sind echte Zufriedenheit und innerer Friede nicht erreichbar.

Wieviel, wie oft beten?

Regelmäßiges Beten ist wichtiger als dann und wann ein Stoßgebet je nach Laune und Bedarf. Beten soll aber auch nicht übertrieben werden, sonst wird man müde oder mißbraucht es gegen unser Tun und unsere Aufgaben, deren Lösung im Leben nötig ist. Man kann sich sogar ein Gefühl der Überlegenheit erschleichen, indem man darauf achtet, mehr und besser als andere zu beten.

Für wen beten?
Nicht nur für uns selbst, sondern auch für unsere Lieben, den Partner, unsere Eltern, Kinder, Freunde und Verwandte. Wir beten für die Verstorbenen und ebenso für die Entwicklung der ganzen Menschheit.

Um was beten?
Wir beten um körperliche Heilung, aber auch um die geistige. Wir bitten um den Erwerb geistiger Tugenden und Kräfte wie Demut, Geduld, Loslösung, Festigkeit, Erkenntnis, Liebe und Glauben. Wir flehen zu Gott, uns seine Gnade und Barmherzigkeit zukommen zu lassen, ebenso seine Führung und seinen Beistand. Wir brauchen seinen Schutz in Prüfungen und Schwierigkeiten und ganz besonders seine Vergebung. Nicht zu vergessen ist das Gebet um Frieden im kleinen wie im großen, um den inneren Frieden und um den äußeren.

Wann beten?
Am Morgen, am Mittag und am Abend, vor Aufgaben und Unternehmungen, vor und zu Festen und Feiertagen, eigentlich zu jeder Zeit.

Wie beten?
Dankbar, freudestrahlend, hingebungsvoll und demütig, rein und ichvergessen, also in höchster Geistigkeit rufen wir Gott an und preisen seine Allmacht und Größe. Wir beten weder aus Angst noch aus Hoffnung, dadurch in den Himmel zu

kommen. Gebete, die in den Heiligen Schriften offenbart sind, sind wirkungsvoller als unsere eigengefertigten Gebete, die oft ichhaft und zu sehr auf materielle Dinge gerichtet sind. Geoffenbarte Gebete sollen weder geändert noch bekrittelt werden. Wir sollen an die Wirksamkeit glauben, aber Gott nicht vorschreiben, ob oder wie er unsere Gebete erfüllen möge. Er weiß viel besser als wir, was gut für uns ist. Mit eigenen Gedanken und Vorstellungen können wir nie Gott verstehen. Aber über das geoffenbarte Gebet sollen wir nicht nur im Kopf, sondern besonders im Herzen nachsinnen.

Beten darf nie ein unangenehmes Pflichtgefühl werden. Das reinste Gebet erfolgt um der Liebe Gottes willen. Es kommt darauf an, daß wir Gott lobpreisen und verherrlichen. So wichtig die Worte Gottes sind, unsere Haltung und unsere Gedanken sollen ihnen angepaßt sein. Durch meine Seele gestatte ich dem Geist, meinen Verstand zu erleuchten. Das Zeichen des Verstandes ist Nachdenken. Das Zeichen des Nachdenkens ist Stille. Niemand kann gleichzeitig sprechen und nachdenken. Den Spiegel meines Geistes wende ich himmelwärts. Je reiner er ist, desto mehr kann ich beispielsweise die Gleichnisse der Bibel und die Mysterien des Geistes zu verstehen suchen.

„Wie wahr sind jene Worte: ‚Größer als das Gebet ist der Geist, in dem es dargebracht wird‘, und größer als die Art, in der es dargebracht wird, ist der Geist, in welchem es durchgeführt wird.“[2]

Nach dem Beten?
An die Macht des Gebetes der Worte Gottes glauben, darüber nachsinnen und sie in Taten umsetzen.

Meditation

Meditation heißt: mit seinem eigenen Geist sprechen. Durch Gebet und Meditation können wir uns
selbst ändern. Meditieren bedeutet: im Anschluß an
das Gebet kurze Zeit verweilen in tiefem Nachdenken über den Sinn dessen, was man gebetet hat. Wir
beten, um besser dienen zu können, um ein reines
und gutes Herz zu bekommen und um geistiger zu
werden, aber starre Rituale und Formen sind beim
Meditieren zu vermeiden. Komplizierte Sitz- oder
Körperhaltungen sind dabei nicht wesentlich. Gebet
und Meditation müssen Hand in Hand gehen mit
Beispiel und Tat, um das geistige Leben des
einzelnen zu vertiefen. In Gebet und Meditation
flehen wir darum, die Mängel im eigenen Charakter
zu überwinden, indem wir unsere Entscheidungsfähigkeit benützen, uns selbst zu besiegen. Meditieren
heißt, sich auf die Kraft und Barmherzigkeit Gottes
einstimmen. Dadurch erhält unser Geist Erkenntnis
und neue Kraft. In der Meditation löst sich der
Mensch von seinem Ich. Meditation ist die zweite
Kraft unseres Sehvermögens, nämlich unsere innere
Sehkraft. Wir müssen die Fähigkeit zur Meditation
von innerem Licht durchdringen lassen. Meditation
und Gebet können zu einem mystischen Gefühl der
Vereinigung mit Gott führen.

Für Gebet und Meditation sollen wir uns Zeit
nehmen, aber auch für Ruhe und Entspannung.
Stundenlanges Beten und Meditieren sind nicht
notwendig, um geistig zu sein.

Vielen fällt es nicht leicht, zu einer echten
Meditation zu kommen oder ihrer Meditation einen
wichtigen Inhalt zu geben. Aus diesem Grund
folgen jetzt einige Beispiele, von denen jedes allein
schon einer Meditation wert wäre. Es handelt sich

um Erkenntnisse, die in diesem Buch eine Rolle spielen. Wer regelmäßige Übung in Meditation hat, wird aber bald das Wort Gottes zur Grundlage seines Meditierens machen. Mit anderen Worten, jedes geoffenbarte Gebet, jede Heilige Schrift kann zum Meditationsinhalt werden.

Beispiele für mögliche Meditationsinhalte

Der einzelne hat eine Selbst- und eine Mitverant-
wortung.
Jeder Mensch ist absolut einzigartig.
Jeder Mensch ist für seine Zeitgenossen wesentlich.
An die Zukunft glauben lernen.
Der Mensch kann sich ändern.
Der Mensch hat heute noch ungeahnte Kräfte in
sich.
Unsere geistigen Funktionen verfeinern.
Glücklichsein kann gelernt werden.
Optimismus ist erstrebenswert.
Erfolg und damit auch Mißerfolg nicht überschät-
zen.
Mut ist der Glaube an sich selbst.
Angst ist der Glaube, es nicht zu schaffen.
Ziele erkennen ist oft wichtiger als nach Gründen
suchen.
Tatsachen zählen weniger als das, was wir daraus
machen.
Jeder hat das Recht auf ein Gefühl der Zugehörig-
keit.
Jeder hat Irrtümer in seinem Lebensstil.
Entscheidungen bewußter treffen.
Das Gleichgewicht zwischen Körper, Seele und
Geist finden.

Wir brauchen den Glauben an Vollkommenheit und den Mut zur Unvollkommenheit.

Menschsein heißt Fehler machen.

Aus größeren Fehlern kleinere machen.

Der religiöse Glaube ist lebensnotwendig.

Vergeistigung ist der Sinn unseres Lebens.

Erkenntnis ist mehr als Wissen.

Der Mensch weiß mehr, als er versteht.

Aus der Vergangenheit zuerst lernen und sie dann vergessen.

Durch größere Bewußtheit werden unsere Beweggründe reiner.

Wir selbst entscheiden unsere Gefühle und Emotionen.

Selbständiger im Denken werden.

Agieren ist wichtiger als bloßes Reagieren.

Das Stufendenken hilft uns zur Erkenntnis.

Glauben ist eine typisch menschliche Funktion auf der geistigen Ebene.

Der religiöse Glaube ist die höchste Form dieser Funktion.

Präziser in unseren Begriffen werden.

Der inneren Sinne bewußter werden.

Vorurteile ablegen.

Einstellungen sind leichter zu ändern als Emotionen.

Jeder kann mehr lieben lernen.

Lieben, was man tut, ist wichtiger als tun, was man liebt.

Nur durch die Liebe zu Gott können wir alle Menschen lieben.

Gemeinschaftsgefühl ist der Glaube an die Mitmenschen.

Es ist nie zu spät, aber immer höchste Zeit.

Es lohnt sich, geduldiger zu werden.

Erkenntnis, Liebe und Glaube sind das Dreigestirn
der Einheit.

Soziale Gleichwertigkeit aller Menschen ist eine
Hauptaufgabe unserer Zeit.

In der Ehe soll keiner grundsätzlich, also immer
dominieren.

Die moderne Frau ist dem Mann in vielem überlegen.

Frau und Mann sollen sich gegenseitig ermutigen.

Intuition ist eine wichtige menschliche Funktion auf
der geistigen Ebene.

Der Dienst am anderen sollte eine Hauptaufgabe
unserer Zeit sein.

Wir sind an den Fehlern unserer Mitmenschen
zutiefst interessiert.

Wir sollen unsere derzeitige Kampfbereitschaft
verringern.

Nicht recht behalten wollen.

Sich rechtfertigen ist oft schädlich.

Sowohl-Als-auch ist wichtiger als das frühere Ent-
weder-Oder.

Lernen, möglichst das Ganze zu sehen.

Das echte Gespräch ist eine Hauptaufgabe der Ehe.

Gespräche nicht verlangen, sondern darum bitten.

Erkenntnis des Ziels von Emotionen bringt diese
zum Verschwinden (vgl. S. 18, 30).

Glauben ist mehr als Hoffen.

Glauben ist die einzige Möglichkeit, zur Gewißheit
zu kommen.

An das Leben und an mein Leben glauben.

An die Gesellschaft glauben.

Angst ist der Glaube an etwas Negatives.

Glauben lernen durch Glauben investieren.

Im Unrichtigen übereinstimmen ist besser als um
das Richtige kämpfen.

Fröhlichkeit ist lernbar.

Sich um ein religiöses Menschenbild bemühen.

Auf das Gleichgewicht kommt es an.

Nicht mit den Pfunden des Körpers wuchern, sondern mit den geistigen.

Unsere Augen positiver machen.

Innere Kündigung hilft niemandem.

Dem Negativen keine Bedeutung geben.

Das Negative ist nur die Abwesenheit des Positiven.

Das eigene Wertesystem sich bewußtmachen.

Die eigenen guten Seiten erkennen wollen.

Klagen hilft nicht.

Sich nicht von anderen absondern.

Bewußt am inneren Frieden arbeiten.

Das Gleichgewicht zwischen Wissenschaft und Religion ist lebensnotwendig.

Für die Religion, die von Gott kommt, gibt es keinen Ersatz.

Jeder sollte sich um Künste wie Musik, Malerei, Literatur wenigstens etwas kümmern.

Geistigkeit ist der Gegensatz von Ichhaftigkeit.

Je weniger einer an sich glaubt, desto ichhafter ist er.

Diese Ichhaftigkeit kann durch Selbstermutigung überwunden werden.

Bei großer Entmutigung sich von anderen helfen lassen.

Dabei kann auch psychologische und religiöse Literatur helfen.

Statt impulsiv und emotional, spontan und liebevoll werden.

Weniger Ausreden und Entschuldigungen benützen.

Neues auf seinen Wert prüfen und keine Angst davor haben.

Richtig sein ist wichtiger als Erfolg haben wollen.

Geistigen Besitz dem materiellen vorziehen.

Sich nicht über andere erheben.

Andere nicht übervorteilen.

Anderen mehr vertrauen und weniger mißtrauen.

Sich anpassen, aber nicht konform gehen.

Nie aufgeben.

Sich nicht entmutigen lassen.

Andere nicht entmutigen.

Reinere Beweggründe (Ziele, Motivation) erstreben.

Gleichgewicht zwischen Liebe und Gerechtigkeit.

Perfektionismus erfolgt aus Angst.

Realistisch sein erfordert Geistigkeit.

Mit anderen *bewußt* übereinstimmen.

Dankbar sein.

Tolerant sein.

Andere nicht herabsetzen.

Den Körper weder vernachlässigen noch verwöhnen.

Die heutige Rolle von Frau und Mann besser verstehen.

Die eigene Wichtigkeit erkennen, aber nicht übertreiben.

Durch Einbeziehung von Gott realistisch werden.

Statt übertreiben Mäßigung üben.

Die Freizeit sinnvoll gestalten.

Die Familie ist wichtiger als die Arbeit.

Nicht nur helfen, sondern auch Hilfe annehmen.

Nicht besser sein wollen als andere.

Einheit mit dem Partner erstreben.

Der Mensch ist ein geistiges Wesen.

Sich nicht mit anderen vergleichen.

Das eigene Wertesystem kann immer verbessert werden.

Logisch denken.

Nicht wissenschaftsgläubig werden.

Das eigene Schicksal bewußt in die Hand nehmen.

Unsere Funktionen verfeinern.

Nicht aggressiv sein, sondern friedlich werden.

Den anderen nicht kritisieren, sondern lieben.

Konstruktive Kritik ist hilfreich.

Sich ärgern ist eine unbewußte Entscheidung.

Das Nahziel des Ärgers erkennen hilft den Ärger
überwinden.

Die eigene gute Tat für sich behalten, die schlechte
zugeben.

Planmäßigkeit hilft Zeit sparen und Unordnung
vermeiden.

Nie sich fragen, was andere tun sollen, aber immer
fragen, was ich selbst tun kann.

Jede vor mir stehende Aufgabe willkommen heißen
und nicht als „schwierig" ansehen.

Selbstbewußtheit darf nicht zur Selbstherrlichkeit
werden.

Sich geachtet machen ist wichtiger als sich beliebt
machen.

Der Bessermacher sollte nie zum Besserwisser
ausarten.

Tradition muß realistisch bleiben.

Auch ein Egoist kann glücklich werden, sobald er
Mitarbeit lernt.

Mitgefühl ist besser als Mitleid.

Die Gewaltlosen dürfen nicht auf Macht verzichten.

Nur ein mutiger Mensch kann demütig sein, nicht
aber gedemütigt.

Es kommt nicht auf Geltung, sondern auf Men-
schenwürde an.

Akzeptieren und Hinnehmen nicht mit Nachgeben
verwechseln.

Religion und Kirche sind zwei verschiedene Dinge.

Der angeborene Charakter kann entwickelt und verbessert werden.

Hinter dem offensichtlichen Problem das eigentliche, das Metaproblem erkennen.

Selbsterkenntnis tut not, nicht aber Selbstlob.

Jeden Tag etwas Gutes tun.

Werke der Nächstenliebe sind unerläßlich.

Seine Sache auf nichts stellen lernen.

Das Wort „müssen" möglichst durch „dürfen" ersetzen.

Höflichkeit ist eine der wichtigsten Tugenden im Zusammenleben.

Sich jeden Tag selbst prüfen.

Sich um eine klare Weltanschauung bemühen.

Ein strahlender Mensch macht andere glücklich.

Begeisterung steckt an.

Leiden, Alter und Tod als Freunde ansehen, als verhüllte Segnungen.

Verstand, Herz und Geist sind am Glauben beteiligt.

Erkenntnis, Liebe und Glaube haben den gleichen Maßstab, nämlich Handeln.

Der Mensch soll die Umstände bestimmen, nicht umgekehrt.

Verleumdung ist die schlimmste Untugend.

Vorsicht ist immer angebracht, Angst nie.

Das Leben besteht aus Überwindung.

Wenn ein rechter Mensch sich verkehrter Mittel bedient, so wirken die verkehrten Mittel recht; wenn ein verkehrter Mensch die rechten Mittel gebraucht, so wirkt das rechte Mittel verkehrt.

Wenn wir etwas tun und erreichen wollen, immer wieder auf das Ende sehen.

Man darf eine Schlacht verlieren, nicht aber den Krieg.

Was immer man tut, ganz tun und zu einem Ende
bringen.
Ordnung, Vermeidung von Streit, Ermutigung und
eine klare Weltanschauung sind Hauptprinzipien
der Arbeit an sich selbst.
Beobachten, Verinnerlichen, Sich-Einstellen und
Handeln sind Hauptmethoden der Arbeit an sich
selbst.
Initiative ist ein Zeichen von Mut.
Kreativität kann trainiert werden.

Beispiele
für religiöse Entwicklungsmöglichkeiten

Religion sieht den Menschen als Geschöpf Gottes
wenigstens potentiell als vollkommen an. Um die in
ihm schlummernden Möglichkeiten und Fähigkeiten mehr und mehr zu entwickeln, gibt Religion ihm
viele Gelegenheiten, die dazu dienen können, das zu
werden, was Gott mit ihm gemeint hat. Es folgen
jetzt einige typische Möglichkeiten, die zu tun der
Mensch sich entscheiden kann.

Gottes Wort gehorchen.
Leiden als Gnade Gottes ansehen.
Unermüdlicher sein im Dienst des Reiches Gottes.
Gebete sprechen, auch für unsere Eltern und unsere
Familie.
Für andere, für unsere Freunde, sogar unsere Feinde
beten.
Meditieren.
Mehr Taten als Worte aufweisen.

Gedanken sollen Taten werden.

Alle Menschen lieben.

Das Wohl der Menschheit fördern.

Andere glücklich machen.

Anderen beistehen und sie unterstützen.

Über die Fehler anderer schweigen und ihnen helfen.

Widerstände und Beleidigungen geduldig ertragen.

Nie über andere unfreundlich sprechen.

Niemandem Kummer machen.

Zu allen gütig sein.

Alles in Freundlichkeit vollbringen.

Auf das Gute sehen.

Gastfreundlich sein.

Höflich sein.

Demütig sein.

Nicht ichhaft sein.

Nicht streiten.

Tolerant sein.

Andere ermutigen.

Gerecht sein.

Begreifen durch Verstand und Herz.

Vorurteile ablegen.

Körperliche und geistige Reinheit erstreben.

Die geistige Welt über die materielle stellen.

Mit Vorsicht und Weisheit handeln.

In Lebens- und Berufsaufgaben pflichtgetreu sein.

Aufrichtig sein.

In Geldangelegenheiten uneigennützig sein.

Gelassener gegen Reichtum und Ehre sein.

Liebe in Taten, nicht nur in Worten zeigen.

Auf alles Kleine und Geringe achten.

Gewalt und Unterdrückung meiden.

Optimistischer sein für die Zukunft von allem Guten, Wahren und Schönen.

Die Einheit in der Mannigfaltigkeit und die Mannigfaltigkeit in der Einheit erkennen.

Diese Liste könnte unendlich lange weitergeführt
werden, denn Religion gibt uns unendlich viele
Chancen zur Weiterentwicklung. Was ich auch tue,
ich tue es niemandem zuliebe, nicht einmal mir
selbst, sondern nur Gott zuliebe. Dies ist die einzig
richtige Motivation. Das Ziel ist, Gott näher zu
kommen. Wege dorthin gibt es so viele, wie es
Menschen gibt. Unter den heute lebenden fünfein-
halb Milliarden Menschen kann jedes Individuum
sich für seinen eigenen Weg entscheiden.

Auf das Gleichgewicht kommt es an

Die Menschheit besteht aus zwei Gruppen, einer weiblichen und einer männlichen. Wenn eine Gruppe unterdrückt wird oder Vorrechte bekommt, dann leiden alle Menschen.

Die Menschheit umfaßt verschiedene Rassen. Wenn eine Rasse beherrscht oder beherrschend wird, dann leidet die ganze Menschheit.

Zur Menschheit gehören verschiedene Kulturen. Wenn eine Kultur mißachtet oder dominierend wird, dann leiden alle anderen bestehenden Kulturen darunter.

Die menschliche Gesellschaft setzt sich aus Jungen, Erwachsenen und Alten zusammen. Wenn eine dieser Gruppen vernachlässigt oder bevorzugt wird, leidet die ganze Gesellschaft.

Eine typische Gesellschaft unserer Zeit zerfällt in Arme und Reiche. Wenn die Reichen ein größeres Ansehen genießen als die Armen, so schadet dies allen, die zu dieser Gesellschaft gehören.

Der Mensch ist eine Körper-Seele-Geist-Einheit. Wenn er seinen Körper vernachlässigt oder verwöhnt, leidet das Ganze dieses Menschen. Solange wir hier auf der Erde weilen, müssen wir sowohl den körperlichen Bedürfnissen als auch der Entwicklung der Seele Rechnung tragen, sonst werden wir nicht der Mensch, der wir sein könnten. Wir sollen mit unseren Pfunden wuchern, aber nicht so sehr nur mit unseren Körperpfunden, wie dies in der gegenwärtigen Gesellschaft so oft beobachtet werden kann, sondern hauptsächlich auch mit den geistigen.

Es gibt ein Hilfsmittel, mit dem wir unser Seelenleben zum großen Teil ins Gleichgewicht bringen können, und das ist unsere bewußte Einstellung. Wir sind unserer Erkenntnisfähigkeit, unserer Liebesfähigkeit und unserer Glaubensfähigkeit eingedenk und nehmen uns beispielsweise vor, unsere Einstellung zu Arbeit und Beruf, wir können auch sagen: unsere Augen, positiver zu machen.

Wie so viele andere kommt Herr M. abends heim und beklagt sich über die viele Arbeit oder über die Langweiligkeit seiner Aufgaben im Beruf oder gar darüber, daß sein Chef oder seine Arbeitskollegen sich wieder so blöd benommen hätten. Am nächsten Morgen steht er unwillig auf, seufzt und läßt sich von seiner Familie bemitleiden wegen seines schweren Lebens. Natürlich meint er auch, bei seiner Familie Pluspunkte zu sammeln, wenn er hinzufügt, daß er alles das nur seiner Familie zuliebe auf sich nimmt. In Wirklichkeit hängt seiner Familie das dauernde Klagen schon lange zum Halse heraus. Er macht sich sein Leben wirklich schwer, weil er nicht versteht, daß das Leben im allgemeinen nur so schwer ist, wie wir es ansehen und machen. Er will auch nicht erkennen, daß er zu den Menschen gehört, die an ihrem Arbeitsplatz schon lange „innerlich gekündigt" haben.

Es wäre die richtige Einstellung zur Arbeit, wenn wir uns sagen würden: Es kommt nicht darauf an, daß wir tun, was wir lieben, sondern darauf, daß wir lieben, was wir tun. Wir können uns entscheiden, unsere Augen positiver oder negativer zu machen. Die positiven Augen können eine große Hilfe sein.

Das heißt nicht, daß wir das Negative in unserem Leben nicht sehen oder es unter den Teppich kehren sollen, sondern mit Hilfe meines Glaubens an das Positive kann ich allem, was als negativ erscheint, etwas Positives an die Seite stellen. Dank meiner Erkenntnisfähigkeit kann ich mich auch zum Glauben durchringen, daß alles Positive von Gott kommt und das Negative durch unseren Mangel an Geistigkeit hervorgerufen wird. Ich kann mich auch für die Einstellung entscheiden, nur das Positive als existent anzusehen und das Negative nur als die Abwesenheit des Positiven zu betrachten.

Manche werden hier einwenden, daß diese Empfehlung nichts anderes sei als Selbsttäuschung. Das stimmt insofern nicht, als ich mir des Negativen ja bewußt bleibe, aber nicht mehr gewillt bin, ihm zuviel Bedeutung beizumessen. Mit anderen Worten, ich werde freier und mache mich von den negativen Dingen im Leben unabhängiger. Was positiver oder negativer ist, entscheide ich sowieso mit Hilfe meines Wertsystems. Wenn ich noch nicht genügend über mein Wertsystem nachgedacht habe, dann gehöre ich zu den vielen, die ihr Wertsystem völlig aus dem Gleichgewicht gebracht haben. Dies ist aus dem herrschenden Pessimismus und Negativismus unschwer zu erkennen. Da der Mensch alles übertreiben kann, kann er auch das Positive überschätzen. Das Negative überhaupt nicht sehen zu wollen läuft auf eine wirkliche Selbsttäuschung hinaus.

Doch kehren wir zu Herrn M. zurück. Vielleicht kann er seiner Berufsarbeit tatsächlich nicht viele positive Seiten abgewinnen. Vielleicht haben seine Lebensumstände dazu beigetragen, daß er eine Arbeit verrichten muß, die im allgemeinen Wertsystem der Gesellschaft als eher negativ angesehen wird. Er könnte auch daran denken, wenn möglich die Arbeit oder den Beruf zu wechseln oder seine wertvollen Interessen in der Freizeit wahrzunehmen.

In diesem Zusammenhang ist zu erwähnen, wie wichtig das Gleichgewicht zwischen Arbeit und Freizeit geworden ist und wie viele die Arbeit nicht nur als wichtiger ansehen als die Freizeit, sondern sehr oft auch als wichtiger sogar als die Familie. Wie viele Ehepartner – mehr Frauen als Männer – leiden unter der übertriebenen Zuwendung des Partners zur Arbeit, was zur Folge hat, daß für die Familie immer weniger Zeit zur Verfügung steht. Es kann durchaus einmal richtig sein, daß eine beschränkte Zeit lang die Berufsarbeit an erster Stelle kommen muß. Wenn dies aber ein Dauerzustand wird, dann kann die Motivation für dieses übertriebene Arbeiten nicht mehr als rein angesehen werden. Es ist nicht auszuschließen, daß sie in einem solchen Fall in erster Linie dem persönlichen Erfolg und dem Ansehen in der Gesellschaft dient.

Herr M. könnte sich entscheiden, nicht nur seine Arbeit, die Kollegen und sogar den Chef, sondern vor allem sich selbst positiver zu sehen. Er könnte seine Frau bitten, ihm zu helfen, weniger zu klagen und Negatives zu berichten, indem sie irgendein Zeichen miteinander vereinbaren, das sie dann gibt, sobald sie merkt, daß er sich wieder im alten Fahrwasser bewegt. Alle, nicht nur Herr M., sondern die ganze Familie, würden dadurch glücklicher. Sie könnten sich sogar mehr als seither wieder zu einem gemeinsamen Tun zusammenfinden.

Das Gleichgewicht in Ehe und Familie hängt, wie schon besprochen, von der Gleichwertigkeit aller

Familienmitglieder, aber vorrangig von der Gleichwertigkeit zwischen Frau und Mann ab. Je mehr wir dies erreichen, desto mehr werden wir unserer wichtigsten Aufgabe gerecht, die Kinder möglichst richtig zu erziehen. Wie schon betont, reden wir dem Perfektionismus nicht das Wort, aber die Aufgabe, der Einheit von Frau und Mann näher zu kommen, steht in ihrer Bedeutung keiner anderen Aufgabe nach. Nur so können wir auch das Gleichgewicht der Einheit des Individuums erzielen.

Auch das vollkommene Einssein mit dem Partner soll persönliche Bedürfnisse nicht ausschalten. Das gleiche gilt für die Individualität der Kinder. Auf der einen Seite soll jedes Kind in der Lage sein, seine einzigartige Individualität nicht nur beizubehalten, sondern auch zu entwickeln. Auf der anderen Seite soll jedes Kind lernen, sich der Gemeinschaft, in der es lebt, anzupassen, aber natürlich nicht mit ihr um jeden Preis konform zu gehen. Wenn das Ziel der Entwicklung des Gemeinschaftsgefühls einer reinen Motivation und der richtigen Einstellung entspringt, dann ist es sowohl mut- als auch sinngebend. Es lehrt nicht nur den Glauben an sich selbst, sondern auch die Liebe zum anderen und zur Gemeinschaft.

Es gibt, wenn auch heute in der Minderzahl, Familien, die sich selbst genügen, die eine Art Insel im positiven Zusammenleben darstellen. Wenn aber die Mitverantwortung für andere, für die Gemeinschaft nicht entwickelt worden ist, kann dadurch eine gewisse Selbstzufriedenheit, ja sogar Selbstgerechtigkeit entstehen. Das Gleichgewicht zwischen dem Familienleben und dem Zusammenleben mit anderen, mit Bekannten, mit Freunden, mit Verwandten und der Gemeinde, in der man lebt, ist von äußerster Bedeutung. Ohne das Gleichgewicht von Selbstverantwortung und Mitverantwortung werden wir unserem Menschsein nicht gerecht. Das Zusammenleben mit anderen kann sich nicht darin erschöpfen, Bücher und Zeitung zu lesen oder Radio zu hören und fernzusehen. Der Austausch mit anderen ist für unsere Entwicklung lebensnotwendig. Sonst sind wir nicht mehr im Strom der Entwicklung, sondern vereinsamen und verarmen. Der geschilderte Familienegoismus kann, wenn er zu lange gepflegt wird, nichts anderes als uns langsam, aber sicher ins Abseits führen. Jeder braucht den Austausch mit anderen, und zwar nicht nur, weil wir von anderen lernen können, sondern weil wir damit auch anderen die Chance geben, von uns zu lernen. Aber nicht nur darum geht es, sondern wo bleibt die zu entwickelnde Liebe zu anderen, zur Gemeinschaft und, was besonders heute wichtig ist, zur Menschheit?

Der Aufgabe, selbst im Gleichgewicht zu stehen, werden heute wahrscheinlich die wenigsten Menschen Herr. Der innere Friede ist doch wohl die Ausnahme. Wir denken in diesem Zusammenhang an die vielen, die psychische Hilfe brauchen, weil sie störende neurotische Züge haben oder sogar weil sie neurotisch sind. Dies ist verständlich, wenn wir die jetzige Gesellschaft betrachten, in der wirklich zu wenig echte Liebe und bewußter Glaube herrschen. Mit sich selbst in Frieden leben gehört zu den ausschlaggebenden Zielen unserer Zeit. Jeder kann dazu beitragen, daß der einzelne weniger ichhaft und nervös, weniger unglücklich und ängstlich sich fühlen lernt. Das wichtigste Mittel zu diesem Ziel ist die Vergeistigung, der das folgende Kapitel gewidmet ist.

Ein mangelndes Gleichgewicht ist in den letzten Jahren immer mehr Menschen bewußt geworden: das von uns gestörte Gleichgewicht in der Natur und auch im Haushalt der Bodenschätze unseres Planeten. Dieses Thema braucht hier aber nicht weiter erörtert zu werden, da es ja täglich in den Medien wie Zeitung, Radio und Fernsehen diskutiert wird.

Mit dem Gleichgewicht eng gekoppelt ist der Begriff der Mäßigung, dessen Nichtbeachtung so viele negative Erscheinungen hervorruft. Schon Konfuzius empfiehlt die Mäßigung, wenn er sagt: „Das Wasser nimmt nicht mehr Platz ein, als es wirklich bedarf. So gleicht es der Mäßigung." Und noch ein weiteres Zitat: „Wer die Grenzen der Mäßigkeit überschreitet, wird aufhören, einen wohltätigen Einfluß auszuüben. Betrachte zum Beispiel solche Dinge wie Freiheit, Zivilisation und dergleichen mehr. Wie günstig auch verständige Menschen sie anschauen mögen, so werden sie doch, im Übermaß geübt, einen verderblichen Einfluß auf die Menschen üben ..."[1]

Die Nichtbeachtung des Gleichgewichts hat schon in der Gegenwart vielleicht die schädlichsten Folgen für das Zusammenleben der Menschen und in jedem individuellen Leben hervorgerufen: Gemeint ist das absolut notwendige Gleichgewicht von Religion und Wissenschaft. Dieses Gleichgewicht hat mindestens in der Neuzeit noch nie bestanden. Sein Fehlen hat sich so katastrophal ausgewirkt, daß die Menschheit völlig ratlos geworden ist. Jedermann, ob bewußt oder unbewußt, ist auf der Suche nach einer Lösung aus der heutigen Situation, die von allen als niederdrückend und von so vielen als aussichtslos empfunden wird.

Noch vor gar nicht langer Zeit hatten Wissenschaftler Angst, Religion überhaupt zu erwähnen. Man glaubte, beides trennen zu müssen. Glücklicherweise sehen wir heute mehr und mehr, daß gerade die großen Gelehrten sich nicht mehr scheuen, Religion in ihre Betrachtungen hereinzunehmen. Noch früher haben sich Wissenschaft und Religion sogar bekämpft. Warum ist das Gleichgewicht zwischen Religion und Wissenschaft nicht nur nötig, sondern auch absolut logisch? Die echte Religion kommt von Gott. Die Wissenschaft kommt vom menschlichen Verstand, und den hat letztlich der Mensch auch von Gott. Wenn sich beide widersprechen, so muß eines von beiden falsch sein, entweder die Wissenschaft oder die Religion.

Der moderne Mensch trennt sich immer mehr von religiösen Einrichtungen wie den Kirchen und geht dann, bewußt oder unbewußt, auf die Suche nach Ersatz. Schließlich ist der Mensch ein geistiges Wesen. Dadurch entstehen so viele Ersatzreligionen, Sekten und andere Gruppierungen. Der Mensch wurde immer wissenschaftsgläubiger und geriet immer mehr in Gefahr, gewisse Gruppenbildungen als Religionsersatz anzusehen. Menschliche Konstruktionen, besonders in Psychologie und Philosophie wurden typische Verführer in diesem Sinne, hauptsächlich, wenn sie sich einen wissenschaftlichen Anstrich gaben. Die echten Gelehrten dagegen wenden sich schon heute wieder mehr der Religion zu, wenn sie in ihren Forschungen und Entdeckungen erkennen, daß hinter allem oder über allem ein „geistiges Prinzip" stehen muß, das seit Menschengedenken mit dem Namen „Gott" belegt wurde.

Ein weiteres Gebiet, in dem das Gleichgewicht stark gestört erscheint, sind die Künste wie Musik, Malerei, Architektur und Literatur. Kunst sollte eigentlich für alle sein. Die moderne Kunst entfernt sich aber immer mehr vom Dienst an der Menschheit. Der Durchschnittsmensch hat zunehmend weniger Verständnis für das, was in der Kunst geschieht. Es sieht oft so aus, als ob nur noch die „Eingeweihten" wissen, um was es geht. Daß der echte Künstler auf der Suche ist, sich noch besser auszudrücken und neue Wege zu finden, ist keine Frage und auch voll verständlich. Es gibt aber moderne Künstler, die sich damit zufriedengeben mit einem Scheinverständnis, das sie mit anderen kaum teilen können. Auch der Traum vom großen Geld kann ihnen als Motivation dienen. Dem Durchschnittsmenschen die moderne Kunst zu erklären fällt vielen Fachleuten nicht leicht.

Viele Menschen wollen nicht als unwissend gelten und loben dann auch die unechte Kunst. Gemeinderäte wollen als fortschrittlich angesehen werden und kaufen für viel Geld sogenannte Kunstwerke, für die die Bevölkerung keinerlei Verständnis zeigen kann. Oft geht es hierbei um Malerei und Bildhauerei, während Musik, Dichtkunst und natürlich auch die Architektur sich vom Dienst an der Gemeinschaft vielleicht nicht so weit entfernen können.

Es ist Aufgabe jedes einzelnen, sich um solche Fragen zu kümmern und dieses für jeden wichtige Feld nicht ohne weiteres den Eingeweihten, den Studierten, den Galeristen und Museumsleuten, den Gemeinderäten und denen zu überlassen, die Kunst nur als Sprungbrett für Ansehen und Geltung betrachten. Das Gleichgewicht zwischen Kunst und den Menschen müßte hergestellt werden, denn jeder kann vom echten Künstler lernen.

In früheren Zeiten war Kunst tatsächlich für eine Minderheit am Werk, für Könige, Päpste, Fürsten und die Reichen, die Künstler bezahlen konnten. Heute können auch „Arme" sich Kunst ins Haus hängen, wie etwa Posters und Reproduktionen. In zunehmendem Maße sind die Menschen „gebildet" und immer mehr in der Lage, ein eigenes Urteil zu entwickeln.

Vergeistigung

In der Presse, in Romanen, in psychologischen und philosophischen Schriften, ja sogar in Mitteilungen von Unternehmensberatern an ihre Klienten tauchen in zunehmendem Maße die Begriffe Geist, geistig und Geistigkeit auf. In neuen menschlichen Konstruktionen und Bewegungen wie New Age und Light Age spielen sie eine Rolle. Seither waren diese Begriffe mehr auf Religion und Geisteswissenschaften beschränkt. Was ist damit gemeint? Viele setzen den Geist des Menschen mit seiner Seele gleich, während Wissenschaftler wie etwa die Physiker von einem geistigen Prinzip sprechen, wenn sie Gott meinen. Um das Wort ‚geistig‘ zu vermeiden, wird manchmal das Wort ‚kosmisch‘ verwendet.

Vom Negativen her scheint dieser Begriff einfach zu definieren zu sein, indem man darunter die Abwesenheit der Kategorien Raum und Zeit versteht.

„Geistigkeit ist die größte der Gaben Gottes."[1]

Wenn wir von den vorhergehenden Feststellungen, wie etwa vom Stufendenken, ausgehen, lebt der Mensch auf verschiedenen Daseinsebenen, wonach er nicht nur ein körperliches, sondern auch ein seelisches und geistiges Wesen ist. Ferner war die Rede davon, daß die heutige Gesellschaft mit Recht als eine Entmutigungsgesellschaft bezeichnet werden kann. Die meisten Menschen wissen, wenn sie es sich auch nicht immer bewußtmachen, wie sie einander entmutigen können. Der scheinbare, meist auch unbewußte Vorteil besteht darin, daß man sich ein Überlegenheitsgefühl über den erschleicht, den man durch Herabsetzung, Kritik und Vorwürfe entmutigt.

Der entmutigte Mensch zieht sich immer wieder in sein Ich zurück, um das sein Denken und Trachten kreisen. Dies heißt, daß es heute normal erscheint, ichhaft oder ichbezogen zu sein. Dabei handelt es sich nicht um Egoismus, sondern um Egozentrizität. Der Entmutigte glaubt zu wenig an sich und vergleicht sich mit anderen aus Angst, nicht zu genügen oder weniger zu sein als andere. Die bange Frage lautet: Wie komme ich bei den anderen an? Was halten sie von mir? Merken sie, wie wenig ich kann und bin?

Ein gewisses Minderwertigkeitsgefühl ist heute normal, ob es bewußt oder unbewußt ist. Kein Mensch will aber in einer solchen Minussituation verharren, sondern versucht zu kompensieren oder meistens zu überkompensieren. Dies heißt, man will anderen nicht unterlegen sein, man will mindestens auf die gleiche Wertebene kommen oder besser noch, man will auf eine Stufe kommen, auf der man anderen überlegen sein kann. Man will vollkommener werden.

Der Mensch als eine Körper-Seele-Geist-Einheit versteht heute schon viel von seinem Körper. Dazu hilft auch, daß das Durchschnittsalter des einzelnen in den letzten hundert Jahren gewaltig gestiegen ist. Er lernt auch, sich seelisch immer mehr zu vervollkommnen. Aber was das Geistige betrifft, sieht es so aus, als ob wir erst ganz am Anfang der Entwicklung stehen. Nach Jean Gebser[2] befinden wir uns am Ende des intellektuellen Zeitalters, in dem der Verstand die überragende Rolle gespielt hat, und am Anfang eines neuen Zeitalters, in dem geistige Vollkommenheiten zu entwickeln sind. In der Religion wird es so ausgedrückt: „Der Mensch steht auf der höchsten Stufe der Materie und am Anfang der Geistigkeit, das heißt, er ist der Abschluß der Unvollkommenheit und der Anbruch der Vollkommenheit. Er steht im letzten Grad der Dunkelheit und am Anfang des Lichts ..."[3]

Danach ist es wohl richtig zu sagen, daß Vergeistigung der Weg von der Ichhaftigkeit zur Geistigkeit ist. Diese Definition hilft uns, wenigstens zu ahnen, was man unter Geistigkeit verstehen kann. Im Folgenden wird deshalb der ichbezogene Mensch dem geistigen gegenübergestellt, was uns konkrete und praktische Vorstellungen erlaubt, in welcher Richtung wir uns entwickeln können. Eine Voraussetzung zu einer derartigen Entwicklung ist der Glaube des einzelnen an ein Wertsystem und daran, daß *er* sich entscheiden kann, diesen Weg gehen zu wollen.

Ein erster Schritt auf dem Weg zu größerer Geistigkeit könnte es sein, die Glaubensfunktion zu investieren, um unsere Glaubensfähigkeit zu vergrößern. Investieren bedeutet, daß ich mich entscheide, diese Funktion anzuwenden, indem ich sie wenigstens als Arbeitshypothese ansehe, falls ich noch zu wenig an die Glaubensfunktion glaube. Zur Vergeistigung sind auch unsere anderen Funktionen erforderlich. Wir verstehen nicht nur mit unserem Gehirn, sondern auch mit unserem Herzen. Liebes- und Erkenntnisfähigkeit entwickeln sich und werden mehr und mehr zu unseren Helfern. Religiöse Literatur und auch psychologische Bücher über Selbsterziehung können uns von Nutzen sein. Hauptsache ist, daß wir daran glauben, in diesem Prozeß lernen zu können, uns selbst, unser Leben und unsere Zukunft mehr zu bestimmen.

Dabei müssen wir realistisch sein und uns immer wieder überlegen, was machbar ist. Auch wenn es richtig ist, sich nach Möglichkeit nicht von anderen bestimmen zu lassen, sind wir doch alle mehr oder weniger voneinander abhängig. Wer also unter dem Menschen meiner Umgebung kann mir auf diesem Weg helfen? Am idealsten wäre die Zusammenarbeit mit dem Ehepartner. Leider ist es aber im Augenblick noch nicht die Regel, einen Nahestehenden für die Aufgabe als Mitarbeiter zu gewinnen. Deshalb erhebt sich die Frage, ob ein „Seelsorger" mir helfen kann. Ein Pfarrer, ein religiöser Mensch oder ein therapeutisch arbeitender Psychologe? Bei letzterem kann allerdings die finanzielle Frage zum Problem werden.

Ein älterer verheirateter Mann macht sich und seiner Familie das Leben schwer durch Nervosität, Schlafschwierigkeiten und Alkohol. Er ist voller Schuldgefühle, weil er vor Jahrzehnten, ziemlich am Anfang seiner Ehe, einmal seine Frau betrogen hat. Seine Frau weiß es und hat ihm längst verziehen, was ihn aber nicht daran hinderte, immer mehr in Depressionen zu verfallen. Wenn er mehr an sich glauben würde, hätte er sich sagen können, daß er den damaligen Fehler nicht aus der Welt schaffen kann, daß er aber dafür sorgt, daß so etwas nie wieder passiert. Tatsächlich ist er seither seiner Frau treu geblieben. Er hat aber zu wenig an sich selbst, an seine Frau, an die Gegenwart und an die Zukunft geglaubt, so daß auch seine Liebesfähigkeit und die Erkenntnisfähigkeit auf der Strecke blieben, das heißt, sich nicht entwickeln konnten.

Geistig wäre es, durch den Glauben an die Zukunft die Gegenwart positiver zu gestalten und nicht die Vergangenheit gegen die Gegenwart zu mißbrauchen.

Frau T. ist eine sehr attraktive Frau, Mitte Vierzig, verheiratet, die seit einiger Zeit eine große Angst vor dem Altwerden entwickelt hat. Genährt wurde diese Angst besonders noch dadurch, daß sie graue Haare auf ihrem Kopf entdeckt hatte. Diese sucht sie zu verdecken und denkt daran, ihre Haare färben zu lassen. Ganz schlimm war es für sie, als sie einige Zähne ersetzen mußte. Sie war sehr niedergeschlagen und meinte, daß ihr Leben praktisch sinnlos und am Ende wäre. Ihr seitheriger Lebensinhalt war, von Männern bewundert zu werden und sich ihren Geschlechtsgenossinnen überlegen fühlen zu können. Ihr gutverdienender Mann ermöglichte es ihr, das Leben zu genießen, soviel wie möglich „dabei" zu sein und keine Vergnügungen auszulassen. Sie hatte keine Kinder, nicht einmal echte Freundinnen, aber sehr viele Bekannte. Ihr Mann war beruflich erfolgreich und angesehen und zeigte sich gern mit ihr. Sie war immer mit sich, ihrem Körper und ihrem Aussehen beschäftigt und hat keinerlei irgendwie geistige Fähigkeiten entwickelt.

Der ichhafte Mensch sucht vergeblich nach einem Sinn im Leben, während der geistige erkannt hat, daß es an ihm liegt, seinem Leben und dem Leben schlechthin Sinn zu geben.

Natürlich ist es richtig, seinen Körper zu pflegen, aber nicht so einseitig und nicht so übertrieben. Der Körper soll auch gut funktionieren. Dazu sind gewisse Dinge erforderlich wie beispielsweise die Ernährung. Die Nahrungsmittel sollten möglichst naturbelassen, ganzheitlich und frisch sein. Der Wasserhaushalt muß stimmen. Frische Luft und Bewegung sind unerläßlich. Ein wohlausgewogener Anteil an Sonne muß bedacht werden, wenn der Körper gesund sein und bleiben soll.

Mindestens so wichtig wie die äußere Reinlichkeit ist die innere. Etwas, was beim Baby und bei den Menschen früher von selbst funktionierte, ist die Verdauung. Weil das Leben in der heutigen Zeit so unnatürlich geworden ist, müssen wir uns nicht nur um die richtige Ernährung unseres Körpers kümmern, sondern auch um die Abführung von Stoffen, die, wenn sie zu lange im Körper sind, zu einer inneren Unreinlichkeit, zu einer Selbstvergiftung führen und damit den Boden für ein Heer von Zivilisationskrankheiten bilden.

Wie Körper und Seele miteinander verbunden sind, wissen wir bis heute noch nicht. Vielleicht werden wir diese Verbundenheit nie voll verstehen können. Alle Feststellungen und Bilder, wie zum Beispiel: der Körper sei die Wohnstatt der Seele in diesem Leben, sind ungenügend. Die menschliche Seele ist ein noch größeres Geheimnis und Wunder als der Körper. Wir stehen erst ganz am Anfang, sie zu verstehen.

Der Sinn des Leidens

Leiden ist der Gegenpol zu Lust und Glück. Frühere Kulturstufen versuchten, das Leiden durch Zauber zu besiegen. Der Mensch war in seiner Entwicklung noch nicht soweit, hinter dem Leiden einen Sinn zu entdecken. Er versuchte nicht einmal, das Leiden zu überwinden, sondern bekämpfte es nur oder nahm es hin. Später sollten Gebet und Opfer den Gott, der das Leiden schickt, umstimmen.

Der Buddhismus sucht Befreiung durch Einsicht in die Gründe des Leidens. Immer noch schaute man zu sehr auf die Ursachen statt auf den Sinn und Zweck, der in der Zukunft liegt. Im Christentum wurde oft das Leiden als Folge der Erbsünde angesehen, eine Begründung, die für viele unserer Zeitgenossen bedeutungslos geworden ist. Eine andere Ansicht sieht Leiden als Folge persönlicher Schuld an. Ein jainistisches Sutra sagt schon: „Wisse, daß alles Elend aufsteigt von bösen Taten."

Wenn wir heute schon vollkommener wären, würden wir all den Geboten der Offenbarer, den Vorschriften des einfachen Lebens, der Mäßigung, der Hygiene, der Enthaltsamkeit von Genußgiften und sexueller Keuschheit sowie der Liebe zum Nächsten folgen; dann würden wahrscheinlich viele physische und psychische Krankheiten verschwinden. 'Abdu'l-Bahá sagte:

„Die Prüfungen des Menschen sind von zweierlei Art.

Erstens: Folgen seines eigenen Handelns. Wenn jemand zum Beispiel zuviel ißt und dadurch Verdauungsstörungen erleidet oder Gift nimmt und infolgedessen krank wird oder stirbt. Wenn jemand spielt, so wird er Geld einbüßen, wenn er viel trinkt, das Gleichgewicht verlieren. Alle diese Leiden werden durch den Menschen selbst verursacht …"

„Zweitens: Eine andere Art von Leiden überkommt die Getreuen Gottes. Denkt an die großen Trübsale, die Christus und seine Apostel erlitten!"

114

In einem „Verborgenen Wort" heißt es: „O Sohn des Menschen! Meine Prüfung ist Meine Vorsehung; äußerlich ist sie Feuer und Züchtigung, doch in Wirklichkeit ist sie lauter Licht und Gnade. Eile ihr entgegen ..."[4]

Der Sinn des Leidens, etwa der Krankheit, hängt stark von unserer eigenen Einstellung, von unserer Reaktion darauf ab. Mit anderen Worten, wir selbst entscheiden Bedeutung und Wirksamkeit der Krankheit.

Können wir außerdem wirklich beurteilen, ob manche Krankheit nicht ein ausgesprochener Segen ist? Eine Warnung für andere? Ein Anlaß für weitere Entwicklung? Heilung von einer Krankheit könnte sogar zum Anlaß weiterer Leiden werden!

In der Psychologie wird von einem Krankheitsgewinn gesprochen, wenn bei seelischen, aber auch körperlichen Leiden, die durch seelische Vorgänge entstanden sind, die unbewußt herbeigeführte Krankheit dem Betreffenden Vorteile, die wir uns aber meist nicht bewußtmachen, bietet.

Durch die sogenannte Überkompensation können Schwächen, Leiden, Anomalien sogar dazu führen, besondere Leistungen zu erzielen. Bekannte Beispiele sind der griechische Redner Demosthenes, der eine schwere Zunge gehabt haben soll. Oder der dänische Theologe und Philosoph Kierkegaard, der an einem tödlichen Leiden litt. Napoleon litt unter seiner kleinen Figur, Beethoven unter schlechtem Gehör. Lord Byron, Cyrano de Bergerac, Homer, ja sogar Moses sind weitere Beispiele. Meister Eckhart nannte Leiden „das schnellste Roß, das zur Vollkommenheit trägt".

Leiden kann also auch eine Aufforderung zur Entwicklung sein. 'Abdu'l-Bahā sagte: „Menschen, die nicht leiden, erfahren keine Vervollkommnung. Die vom Gärtner am stärksten beschnittene Pflanze wird, wenn der Sommer kommt, die schönsten Blüten und die üppigsten Früchte bringen."

Jesus Christus hat sich selbst geopfert und damit allem Erschaffenen eine neue Fähigkeit eingeflößt. Das Opfer weist auf eine andere Bedeutung des Leidens hin. Ein Same opfert sich dem Baum, der aus ihm entstehen wird. Die Selbstaufopferung des Menschen ist also Wandlung, Läuterung, Heiligung.

Zusammengefaßt sehen wir, daß vieles Leiden auf persönlicher Schuld beruht, daß es aber auch eine von Gott gesandte Prüfung sein kann, die uns auf dem Wege der Vergeistigung helfen kann. Auch der irdische Tod ist nur ein Durchgang zum gleichen Ziel. Was zählt, ist unsere Reaktion, unsere Einstellung zum Leiden. Die Überwindung von Prüfungen und Schwierigkeiten ist nur möglich durch Festhalten an den gegebenen Gesetzen und Anordnungen. Die Macht Gottes kann unseren Charakter vollständig wandeln. Wir müssen an die Macht des Gebetes glauben, um die große Weisheit zu entdecken, die sich hinter allem Leiden verbergen mag. Unsere Leiden sind oft ,verhüllte Segnungen', durch die Gott die Ernsthaftigkeit und Tiefe unseres Glaubens prüft.

Der Sinn des Dienens

Das Wort „dienen" hat eine Wandlung durchgemacht. In den Tagen der Ungleichwertigkeit der Menschen gab es Diener, Dienstmädchen, Dienstmänner usw. In der heutigen Übergangszeit zu einer

anfänglich mindestens theoretischen Gleichwertigkeit wurde „dienen" immer mehr abgewertet, so daß
für die genannten Berufe neue Wörter erfunden
werden mußten. Dabei kann das richtige Dienen gar
nicht hoch genug eingeschätzt werden. Unser
ganzes Leben hängt davon ab, daß einer dem
anderen dient, daß wir alle nicht nur für uns selbst,
sondern auch für andere da sind. Ohne den Dienst
am anderen könnte die menschliche Gesellschaft
gar nicht bestehen.

Der Körper der Mutter dient dem Embryo. Wenn
der Dienst der Mutter am kleinen Kind im richtigen
Geist vollbracht wird, können die kleinen Kinder
von allem Anfang an einen richtigeren Begriff vom
Dienen bekommen. Dienen unter sozial Gleichwer-
tigen hat mit dem Sklavendienst vergangener Zeiten
nichts zu tun. Die Geburt eines Kindes dient dem
Fortbestand der Menschheit. Der Vater dient der
Familie, indem er die notwendigen Mittel zum
Lebensunterhalt beschafft.

Die Erziehung der Kinder gehört zum wesentlichsten Beitrag, den Eltern und Lehrer für die
Gesellschaft leisten können. Wenn jeder seine
Arbeit und seinen Beruf als Dienst an den anderen
auffassen würde, könnte dies unsere ganze Gesellschaft zu einem menschenwürdigeren Dasein führen.

Der höchste Dienst ist der Gottesdienst. Bekannt
wurde die Geschichte des Lebens von Bruder
Lorenz[5], der in seinem Kloster die niedrigsten
Dienste verrichtete. Er mußte sich um alle Arten von
Abfällen kümmern und tat dies im Bewußtsein,
damit allen Brüdern und damit auch Gott zu dienen.
Er war immer fröhlich und glücklich. Schließlich
sind zu diesem „niedrigsten" aller Diener sogar

Bischöfe gepilgert, um von ihm zu lernen, der sein ganzes Leben in Glück und Freude verbracht hatte. Jede Arbeit, die im Bewußtsein getan wird, damit anderen und Gott zu dienen, sollte dem Gottesdienst gleichgesetzt werden.

Jeder kann lernen, seinem Tun eine größere Wichtigkeit beizumessen. Allerdings wäre dann der heute allgemein angewandte Maßstab ,überlegen – unterlegen' nicht mehr angebracht. Zählen würde in erster Linie das Wort Gottes. Sogar die Vorstellung, daß nach der Beerdigung eines menschlichen Körpers dieser niedrigen Tieren und Pflanzen dient, hätte so ihre Schrecklichkeit verloren. Auch die unterschiedliche Bewertung der Berufe würde sich ändern, wenn deren Ausübung im richtigen Geiste, nämlich dem Geist des Dienens, erfolgt.

Anmerkungen

Unsere Erkenntnisfähigkeit verinnerlichen

1 Bahá'u'lláh.
2 Alfred Adler.
3 1. Korinther 4,4.
4 Bahá'u'lláh.
5 'Abdu'l-Bahá.

Unsere Liebesfähigkeit entwickeln

1 Kleist.
2 'Abdu'l-Bahá.
3 1. Korinther 8,1.
4 Rudolf Dreikurs.
5 1. Johannes 4,18.
6 Philipp Goldberg, Scherz-Verlag 1985.
7 Rudolf Dreikurs.
8 'Abdu'l-Bahá.
9 Erik Blumenthal, Horizonte-Verlag, Bad König 3.
10 Rudolf Dreikurs – Erik Blumenthal, Eltern und Kinder – Freunde oder Feinde?, dtv-Taschenbuch.

Unsere Glaubensfähigkeit bewußter machen

1 Muhammad.
2 Shoghi Effendi.

Auf das Gleichgewicht kommt es an

1 Bahá'u'lláh.

Vergeistigung

1 'Abdu'l-Bahá.
2 „Ursprung und Gegenwart", Deutsche Verlagsanstalt, Stuttgart.
3 'Abdu'l-Bahá.
4 Bahá'u'lláh.
5 Nicolas Hermann, Die wahre Freude, Arche-Verlag, Zürich.

Weitere themenverwandte Bücher von Erik Blumenthal:

im Horizonte-Verlag, Bad König 3:
„Trendwende Ermutigung"

im Rex-Verlag, Luzern:
„Wege zur inneren Freiheit"
„Verstehen und verstanden werden"
„Der hohen Jahre Ziel und Sinn"

Bücher, die Mut machen zum Leben

Hildegund Fischle-Carl
Ich und das Kind, das ich war
Lebensfreude durch Befreiung
120 Seiten, Paperback.
ISBN 3-451-22430-5

Elisabeth Lukas
Die magische Frage wozu?
Logotherapeutische Antworten auf existentielle Fragen
256 Seiten, Paperback.
ISBN 3-451-22337-6

Peter Paal
Erfüllter Tag
Ein Brevier für alle Tage
312 Seiten, gebunden.
ISBN 3-451-22428-3

Wieland Schmid
Yoga für Christen
Ein Übungsbuch
160 Seiten, Paperback.
ISBN 3-451-22427-5

Klaus W. Schneider
Die Erfolgsformel
Ein zielsicherer Ratgeber für Berufs- und Lebenspraxis
176 Seiten, Paperback.
ISBN 3-451-22332-5

Dieter Schwartz
Nicht gleich den Kopf verlieren
Vernünftiger Umgang mit selbstschädigenden Gefühlen
144 Seiten, Paperback.
ISBN 3-451-22431-3

Verlag Herder Freiburg · Basel · Wien